幼儿园课程研究与实践方案丛书

陪伴是最美的教育
——我们的家园共育故事

赵福葵 等 / 著

北京师范大学出版集团
BEIJING NORMAL UNIVERSITY PUBLISHING GROUP
北京师范大学出版社

图书在版编目（CIP）数据

陪伴是最美的教育：我们的家园共育故事/赵福葵等著.—北京：北京师范大学出版社，2021.4（2025.1重印）
ISBN 978-7-303-26781-1

Ⅰ.①陪⋯　Ⅱ.①赵⋯　Ⅲ.①学前教育–教学参考资料　Ⅳ.①G613

中国版本图书馆CIP数据核字（2021）第016025号

PEI BAN SHI ZUI MEI DE JIAO YU

出版发行：北京师范大学出版社 https://www.bnupg.com
北京市西城区新街口外大街12-3号
邮政编码：100088

印　　刷：	天津旭非印刷有限公司
经　　销：	全国新华书店
开　　本：	787mm×1092 mm　1/16
印　　张：	7.75
字　　数：	155千字
版　　次：	2021年4月第1版
印　　次：	2025年1月第3次印刷
定　　价：	33.00元

策划编辑：罗佩珍　刘晟蓝　　责任编辑：欧阳美玲
美术编辑：焦　丽　　　　　　装帧设计：焦　丽
责任校对：康　悦　　　　　　责任印制：赵　龙

版权所有　侵权必究
读者服务电话：010-58806806
如发现印装质量问题，影响阅读，请联系印制管理部：010-58800608

序 一

教育是"一棵树摇动另一棵树，一朵云推动另一朵云，一个灵魂唤醒另一个灵魂"。这句话启示我们，教育表现为人与人之间的影响，教育的成效取决于人与人之间关系的良好程度。

幼儿教育是孩子接受系统化、社会化教育的初始阶段，幼儿园和教师对幼儿的成长有重要影响，但家长的作用同样不可忽视。两者能否达成教育的共识和默契，至关重要。虽然家长出于天性，对孩子怀有深沉的爱，但无章法的父母之爱是不能让孩子健康成长的。这就意味着，幼儿园在教育实践的过程中不能一味地迎合家长的教育意愿，毕竟他们未经过系统的学习，其观念难免有失偏颇，缺少必要的科学性。因此，开展家园共育工作，用情用智团结和引领家长，使家长理解并能主动配合幼儿园的工作，为孩子创设一个更美好的成长环境，是每个幼儿园必须面对的问题。

教育也是实现"中国梦"的起点，教育的振兴取决于教师，其中又以作为领头人的校长或园长最为关键。这也是一说起北京大学，大家就会想到蔡元培先生的原因所在。事实证明，凡是有声望的学校（幼儿园）无不打上鲜明的校长（园长）的个人印记，其精神风貌往往决定了学校（幼儿园）的教风、学风，其境界决定了学校（幼儿园）的教育品位。对幼儿园来说，园长是一所幼儿园的灵魂，是幼儿园的塑造者。园长如何在保持思想先进、品格高尚和高水平业务水准的同时，做好全园教师的表率，将自己的教育思想和教育经验推广开，带领教师们一起建设本园的特色文化，直接决定了幼儿园的品质。

作为富力桃园幼儿园的领头人，赵福葵园长兢兢业业地用心工作，带领团队一起将地处北京市偏僻之地、默默无闻的一所小区幼儿园，一步步建设成为北京市早教示范基地、海淀区示范幼儿园，到2016年，又成为市级示范幼儿园，赢得了领导和同行的赞誉。最重要的是，在幼儿园逐渐发展的过程中，赵园长和她的教师团队还赢得了家长的信任和认可，将家长变成了幼儿园最好的教育孩子的伙伴。在幼儿园的带动下，家长们与幼儿园相互配合，共同陪伴孩子成长，共同享受孩子成长的幸福与喜悦。家长们不但为幼儿园的发展带来极大支持，还提供了拓展幼儿教育的丰富资源。该书就是富力桃园幼儿园对自己在家园共育方面工作的实践梳理和经验总结，具有较强的创新性和借鉴价值。

在赵福葵园长的带领下，富力桃园幼儿园在家园共育工作中进行了很多的创新与尝试，并融入他们的办园文化，不断追求、不断丰富。第一，他们进行了机制创新，成立了家长委员会，打通家园教育间的壁垒，改善孩子教育问题上家园间信息不对称问题，架设了家庭与幼儿园教育通力合作的桥梁。第二，重视并帮助教师掌握与家长沟通交流的艺术，使教师与家长沟通孩子问题时，能够把握好家长的心理，从家长的角度出发，"多报喜，巧报忧"，大事化小，小事化了。沟通过程中，不仅向家长说明"是什么"，还帮助家长理解"为什么"，并告诉家长"怎么办"，避免了表面的、形式化的互动，代之以有广度和深度的家园互动。第三，家园共建工作中评估和自省并重，并且鼓励经验丰富的老教师积极对园所新教师进行帮扶。第四，从建园以来，就通过园级、年级、班级家长会，开展"三级共同辐射家长学校模式"对不同年龄段幼儿的家长进行专题培训。通过创建品格教育家长学校，系统地向幼儿家长传授抚养教育子女的科学知识，交流推广成功的教育经验，提高家长的教育能力和自身素质。针对家庭教育中的薄弱环节——"父爱缺失"和"隔辈教育"开展了丰富多彩的教育活动，并通过"双星家长评价活动"提高家长对幼儿家庭教育的重视程度，激发家长争当幼儿学习榜样的兴趣。第五，开展了家长参与园所课程建设的系列"家长进课堂"助教活动，充分发挥家长资源优势，丰富幼儿园教学课程。第六，在海淀区"让科学的早期教育走进千家万户"的精神指导下，遵循"依托社区，立足公益，专业引领，强化指导，形式多样"的思路，积极开展内容丰富的早期教育指导服务，宣传科学的早教理念，9年多共为两个社区儿童家庭提供了数百次的早期教育指导与服务，有效地改善了家长的教育行为和教养方式，实现了孩子发展和家长育儿水平双提高。

该书是富力桃园幼儿园赵福葵园长和她的教师团队在家园共育方面工作的经验总结，更是他们辛勤工作的见证。阅读该书，借鉴他们在开展家园共建工作方面的智慧，相信我们每个幼教教师都能更好地拨亮每个家庭的教育之灯，让每个孩子的生命光彩闪耀！

首都师范大学　李文道

2020年12月

序 二

读完北京市海淀区富力桃园幼儿园《陪伴是最美的教育——我们的家园共育故事》书稿，我为赵福葵园长和园所教师团队的孜孜不倦所感动，为该园多年来在家园共育方面的潜心研究和丰硕成果感到高兴。家庭和幼儿园在幼儿成长过程中都具有无可比拟的作用，都是直接影响幼儿发展的重要环境和微观系统，建构融合家庭和幼儿园的支持性中间系统成为幼儿园乃至全社会的必要课题。富力桃园幼儿园正是基于这一责任使命奋力而为，为新时期学前教育改革做出了自己的努力。

给孩子讲好人生第一课，帮助扣好人生第一粒扣子，这是新时期习近平总书记对家长和教育工作者的时代要求。富力桃园幼儿园所进行的家园共育研究就是在积极践行这一要求。同时，以幼儿园为主体，探索科学、高效的家园共育机制也是在落实《幼儿园工作规程》《幼儿园教育指导纲要（试行）》《3~6岁儿童学习与发展指南》等文件精神，为深化学前教育改革、办好学前教育所做的探索之一。

家园共育是帮幼儿扣好人生第一粒扣子的重要保障。2016年12月12日，习近平总书记在会见第一届全国文明家庭代表时提出，家庭是人生的第一所学校，家长是孩子的第一任老师，要帮孩子扣好人生的第一粒扣子，迈好人生的第一个台阶。在2017年全国教育大会上，习近平总书记再次指出，办好教育事业，家庭、学校、政府、社会都有责任，教育、妇联等部门要统筹协调社会资源支持服务家庭教育。幼儿园作为学前阶段与家庭合作最为密切的教育机构，探索建立相互信任、相互适应、目标一致的家园关系是应尽之责。富力桃园幼儿园积极响应号召，为家长和社会提供数百次的早期教育指导和服务，帮助家长提升育儿水平。

家园共育是办人民满意教育的必然要求。学前教育是社会主义教育事业的有机组成部分，是基础教育的重要组成部分，发展学前教育对于促进儿童身心全面发展具有不可替代的作用。2017年10月18日，习近平总书记在党的十九大报告中提出要把教育事业放在优先位置，深化教育改革，加快教育现代化，办好人民满意的教育。其中，研究家园共育工作就是办好人民满意的学前教育、提升学前教育质量的重要途径。

家园共育是幼儿园教育工作的内在任务。家长工作一直都是我国学前教育机构的任务之一，规程、纲要、指南等政策和文件均对幼儿园家长工作的重要性、内容、方法做了详细说明。2016年颁布的新修订的《幼儿园工作规程》将"同时面向幼儿家长提供科学育儿指导"修改为幼儿园第二大任务。此外，规程中还详细规定了幼儿园在家园工作的职责、工作要点，如第五十二条，幼儿园应当主动与幼儿家庭沟通合作，为家长提供科学育儿宣传指导，帮助家长创设良好的家庭教育环境，共同担负教育幼儿的任务等。《幼儿园教育指导纲要（试行）》进一步细化幼儿园家长工作，既在总则中明确了幼儿园家庭工作的重要性，又在第三部分强调家长是重要的合作伙伴，要本着尊重、平等、合作的原则，争取家长的理解、支持和主动参与，并积极支持、帮助家长提高教育能力。2012年颁布的《3~6岁儿童学习与发展指南》提出要帮助幼儿园教师和家长了解3~6岁幼儿学习与发展的基本规律和特点，建立对幼儿发展的合理期望，实施科学的保育和教育，让幼儿度过快乐而有意义的童年。2015年教育部《关于加强家庭教育工作的指导意见》中明确要求中小学幼儿园要建立健全家庭教育工作机制，统筹各种家校沟通渠道，将家庭教育指导服务作为重要任务。2018年11月颁布实施的《中共中央、国务院关于学前教育深化改革规范发展的若干意见》中提出完善过程监督，健全家长志愿者驻园值守制度，充分发挥幼儿园家长委员会作用，推动家长有效参与幼儿园重大事项决策和日常管理。

家园共育是富力桃园教师团队教育情怀的显性特征。在新时代，要办老百姓满意的学前教育，不能孤芳自赏，不能闭门造车，在努力做好保教工作的同时，也要切实承担起服务社区、服务家庭的公益性责任，避免家、园教育相脱节，避免教师和家长离心离德。赵福葵园长和富力桃园幼儿园十余年如一日，真心换真心，探索如何让家长参与到幼儿园教育中来，其实践的结晶——《陪伴是最美的教育——我们的家园共育故事》就是最好的证明。

苏州幼儿师范高等专科学校　张晗

2021年1月

前 言

  选择了教育，每天能跟孩子在一起，对我来说是一件幸福的事情。至今清晰地记得，30多年前刚踏上工作岗位时，作为带班教师的我就像孩子们的大朋友、大玩伴儿。我们一起制订每日计划，一起商量玩什么游戏，在一起有说不完的话。记忆中，那时候每一天的太阳都是金灿灿的。

  因为我和孩子在一起做的那些事，我渐渐地获得了各种荣誉：北京市体操比赛一等奖、北京市半日评优一等奖、区级骨干教师……我也因此受到了同事和领导的肯定。在我看来，这一切都是孩子赐予我的。我发自内心地为自己是一名幼儿园教师感到幸福和骄傲。

  但老实说，随着工作年头的增长，我发现，自己的这份职业幸福感和自豪感在慢慢降低。为什么呢？从内心深处来说，我一直觉得，无论获得多少荣誉，无论领导给我多少肯定，这些都是外在的评价，而我更在乎的，是孩子和家长对我的认可。他们是离幼儿教师最近的人，也会直接影响着教师每天的态度、心情和价值感。可是，让我有些失落的是，我可以和孩子们亲密无间，但和家长之间似乎总隔着些什么。有不少家长，孩子在园时和我似乎关系融洽，孩子一毕业，很快就陌生得形同路人。

  问题出在哪里了？也不能怪家长太"功利"，我想，可能是我没有找到走近家长内心的方法，我们的教育还少了点什么。

  怀着这样的反思，再后来，当我走上管理岗位的时候，我的一个迫切愿望就是改变我们的幼儿教育现状，让家长也能够参与进来，在引领家长、改变家长的同时，让他们不仅是作为孩子三年在园期间的临时同盟军，而且让他们与幼儿园构建一种发自内心的信任、尊重与合作关系。

  幼儿园虽小，但也是社会大系统的一部分，是一个小的教育生态系统。人类发展生态学理论的创始人布朗芬布伦纳，将人类发展的生态环境分为微观系统、中间系统、外部系统和宏观系统四部分。对于幼儿来说，家庭和幼儿园是幼儿最常接触到的两个微观系统，如果家长和幼儿园相互信任、相互适应、目标一致，这样所产生的正向互动能量能不断流向发展中的幼儿，从而形成一种支持性的中间系统。

  那么，在我所在的富力桃园幼儿园，该如何构建这样一种支持性的中间系统呢？那就需要教师和家长、园所和家庭建立一种爱和信任的关系。

现在国家越来越重视学前教育的发展，很多政策文件中也明确说明了幼儿园和家庭之间的关系，如2001年，教育部颁布的《幼儿园教育指导纲要（试行）》指出，家庭是幼儿园重要的合作伙伴。应本着尊重、平等、合作的原则，争取家长的理解、支持和主动参与，并积极支持、帮助家长提高教育能力。2016年颁布的新修订的《幼儿园工作规程》指出，幼儿园应当主动与幼儿家庭沟通合作，为家长提供科学育儿宣传指导，帮助家长创设良好的家庭教育环境，共同担负教育幼儿的任务；幼儿园应当建立幼儿园与家长联系的制度；幼儿园应当成立家长委员会。

这些都为我们构建新型家园关系提供了明确指引，但政策是宏观的，没有实践的理论是苍白的，如何让它们在微观的实践层面落地呢？对于一所新建园所，对于一群年轻的新生代教师来说，做好家长工作，获得家长的理解和肯定仍是摆在我们面前的一大难关，而解决这一难关最有效的办法就是真实和真诚，用真心换真心。

所以，从建园之初，我就一直和教师们强调，我们要办一所有爱的幼儿园，让家长真正因为喜欢我们、信任我们才把孩子送到我们幼儿园。这些年里，富力桃园小区的业主从质疑、观望、不信任，到认可、关注和感谢，富力桃园幼儿园的教师走在被尊重、被信任的路上。现在是我们总结经验、数往知来的时刻，我们决定用文字的形式记录过往，总结经验。

目前呈现在大家面前的这本《陪伴是最美的教育——我们的家园共育故事》，就是我们在家园共育领域梳理出来的实践成果结晶。其中系统介绍了我园家园共育的理念、家园共育工作开展的背景和典型做法，包括我园家长委员会制度建立的经验和典型的工作事例；教师如何赢得家长的信任，处理棘手的个案问题；如何通过提升教师的专业素养促进家园共育工作的开展；如何通过经常性的家园教育活动，促进每一个家庭成长，让每一位家长都不缺失幼儿的成长；如何让家长参与课程建设，将家园共育工作经验纳入课程建设体系，形成独具特色的园本课程；以及幼儿园该如何深入社区，通过早教活动来影响和辐射社区，等等。

这本书我们写了一年多，其间多次举行研讨，集思广益，智慧碰撞。可以说，这本书是我们家园共育实践历程和理念思考的记录，也是我们的一次行动研究，更是我们家园共育新征程的开始。感谢在本书撰写和出版过程中辛苦付出的所有教师和家长。感谢中国教育报刊社资深编辑白宏太老师给予我们的理论引领，本书的最终诞生，也有赖他一次次深夜的伏案修改。感谢出版社的细致入微，从文字排版，到标点图片，不放过任何一处细节的修订。感谢李文道教授、张晗教授为我们这本书写序，感谢参与研讨与提供素材的教师们（张冰钰、吕雪娇、张丽、刘峥明、李萌、何丹、李艳萍、范丽娟、张丕娟、李雁、陈凯鑫、刘天天、唐柳、李梦、王海啸、尹伊、宋爽、张娇、贾凌云、马瑞雪、王雪、穆梦、沈旭、吴雪婧、霍烁煊、高杰、崔柳、于晓乾、唐真、谷梦涵、田雪、王晓雨），是你们辛勤的付出，才有了今天这本书的出版。感谢提供案例的教师和家长，正是有你们的帮助，这本书才能变得生动有趣。

　　"他山之石，可以攻玉。"希望这本书的出版能给其他园所提供一定的借鉴，也希望我园在这次总结和梳理过程中，收获新的感悟和启迪。

赵福葵
2020年7月于富力桃园幼儿园

目 录

第一章　家长的口碑是最高的奖赏　　1

- 职业初期的淡淡遗憾　　2
- 被动中走上"家园共育"之路　　3
- 我是这样变"对手"为"助手"的　　4
- 从"家园共育"到"家园共治"　　6

第二章　信任让我们向家长敞开大门　　9

- 成立家委会，做好教育管理的必然选择　　9
- 打破"潜规则"，让家委会变成教育正能量　　12
- 为家委会赋权，把他们看作"自己人"　　16
- 家园携手，共同解决"入园难"　　18

第三章　把教育专业服务做到家长心里　　21

- 对孩子的健康，我们比家长还上心　　21
- 心有大爱，不放弃一个孩子的成长　　25
- 让家长成为合伙人，需要专业引导　　31

第四章　专业研修让家园共育更有质量　　35

- "润"文化下的教师研修，筑家园工作基石　　36
- 分层分级的专业引领，积淀家园工作力量　　38
- 科学全面的家长约谈研学，促家园工作更有实效　　41

- 不离不弃的新教师培养，为家园工作注入新血液　　44
- 坚持不懈的反思审议，让家园工作更有质量　　47

第五章　培养好家长是办好教育的必然　　51

- 成立家长学校，共同聚焦品格教育　　51
- 家长学校活动，让友爱住我家　　53
- 亲子活动，让爸爸不再"缺席"　　56
- 牵手隔辈教育，补齐家园共育短板　　62
- 双星家长评价，用榜样驱动幼儿发展　　65

第六章　家长是课程建设的重要资源　　68

- 家长进课堂，让教育贴近生活　　69
- 教师做助教，家长更自信　　73
- 图形美食烘焙，体验妈妈的味道　　77
- 亲子游戏，找回和爸爸的快乐时光　　79
- 家园联系手册，让教育向家庭延伸　　82

第七章　让科学早教走进千家万户　　85

- 问卷调查，找准家长的"痛点"开展早教　　86
- 多元化、多渠道的社区早教服务实践　　88
- 网络让社区早教从"零拒绝"到"零距离"　　89
- 完善机制，为社区早教提供发展保障　　92

第八章　让每一个家庭遇见更好的自己　　95

- 找到开启幼儿教育之锁的金钥匙　　95
- 陪孩子和家长度过心理发展关键期　　98

- 帮助家长做一个专业的"家庭教育者"   100
- 和家长一起"蹲下身去看孩子"   103
- 家长和孩子是我们不断创新的唯一理由   105

后 记   108

第一章　家长的口碑是最高的奖赏

每天走在幼儿园里，听着孩子们奶声奶气地向我问好，看着这一张张活泼可爱的笑脸，像带着露珠的花朵一样，我常常感觉心都要被融化了。

幼儿园不大，园里几乎所有孩子我都认识，包括他们的家长。家长们来送孩子，见到我都会停下脚步，寒暄几句，说说孩子在家的情况，或者询问某方面的教育问题，我们彼此就像熟识的朋友。

工作了30多年，让我时常感觉幸福的，就是这种来自家长的信赖与尊重。家长的满意与称赏，是我们工作的目标之一。但与此同时，家长积极的、正向的反馈也是激励着我们将幼儿园的工作做得更好的莫大精神动力。

实际上，我更愿意把这个幼儿园看作一个小小而温暖的家，孩子、教师、家长都是不可或缺、血浓于水的家人，我们同心同德，共同致力于这个家的和谐与发展。特别是，他们中的许多人都习惯叫我"园长妈妈"，这也是我最喜欢、最珍视的一个称呼。

富力桃园幼儿园从一所默默无闻的、地处偏僻一隅的小区幼儿园，一步步逐渐成长为区级示范园，我们赢得了领导和同行的赞誉。最重要的是，我们在幼儿园逐渐发展的过程中，与家长建立起了非常亲密的关系。在幼儿园的带动下，家长们陪伴孩子一起成长，共同享受孩子成长的幸福与喜悦。家长成了我们最好的伙伴，为幼儿园的发展带来了极大支持，提供了拓展幼儿教育的丰富资源。

感到幸运的是，我们非但没有感觉到职业倦怠，反而每一天都充满了欣喜，每一天都从孩子的成长中有新鲜的发现，有生命的感动。究其原因，我们把家园共育当成幼儿园的一项重要工作，在用情用智团结和引领家长，为孩子的成长创设更美好的成长环境的同时，我们也从中发现教育之美、成长之美、生命之美。

而这一切的背后，又经历着怎样的教育反思和心路历程呢？

职业初期的淡淡遗憾

到2018年年底，我已经在幼儿园里工作了整整30年，我最美的青春年华都给了这里，我生命中一切的喜怒哀乐都与这里结下了不解之缘。

30多年前，从北京幼儿师范学校毕业的我，怀着激动、欣喜与好奇，迈进了石景山第一幼儿园的大门，成为一名幼儿教师。我职业起步的最初9年，都是在那里度过的。

现在回想起来，很庆幸的是，在那样一个规范有序、风气纯正的环境中，我快速地成长起来，逐渐积淀起作为幼儿教师的良好职业素养，也建立了对儿童、对学前教育的基本理解。

那时候的我充满了年轻的活力，也有着无穷无尽的奇思妙想。孩子们很喜欢我，我就像是他们的玩伴儿。班里所有的活动，都是我和孩子一起商量着来，我们自己动手，创制了许多新颖有趣的活动，我们一起画图画书，创编故事；我们玩扑克牌，由此锻炼孩子基本的数学思维能力；我和孩子都有使不完的劲儿，为了排练好一个舞蹈，我们激动得不睡午觉，一起泡在练功房里练习……

年轻的我深受园领导信任，每年都被安排带大班。我把班级管理得井井有条，从一学期的安排到一日活动，我都会提前做好计划，跟搭班的教师和保育员做好分工，工作既忙而不乱，又轻松愉悦，不乏新鲜的创造。

也因此，那几年，作为幼儿教师，我获得了很多荣誉，在全市半日活动评优中我捧得了一等奖，代表园里完成了面向全市同行的班级活动展示。我连续两届被评为区级骨干教师，作为相应的待遇之一，享受了区里的奖励工资。

这些在许多人看来非常难得的荣誉，代表着从政府部门到幼儿园对我工作业绩的认可，也不断地给我带来精神激励。

带着这样值得自豪的工作履历，我随即离开了挚爱的工作一线，也离开了石景山第一幼儿园，受聘于北京明天幼稚集团，作为分园园长组建海淀区怡海园小区小灵通婴幼园。再后来，我被任命为北京明天幼稚集团人事主管，随后相继筹建明天八幼上地佳园幼儿园、北京明天幼稚集团塔院亲子园……

回顾最初的职业经历，每一步似乎都走得很顺利，也伴随着各种各样的荣誉和来自各方面的认可。

但在我心底里，似乎总有一些淡淡的遗憾。虽然我的工作一直很出色，但作为一线幼儿教师，我很少得到来自家长的真正认可或他们满意的反馈。

当然，在我做班主任时，家长们对我也很热情、很尊敬。但我能感觉到，那只是表面功夫。可能是我太年轻，或者是我还没找到打开家长心扉的钥匙，我和家长的关系似乎总隔了一层。

特别是，不止一次，在幼儿园外遇到我教过的一些孩子家长，他们陌生的表情就像我们从来没有认识过一样。

那一刻，我的心被微微刺痛了。

作为教师，我当然很在意上级的认可。但同样地，我也渴望得到家长的认可，拥有家长的口碑，得到他们真正的理解和敬重。这也不仅是对我个人，而是对一个行业、一个群体的理解和尊重。

虽然离开了教育教学一线，但这一点小小的缺憾始终久久地留存在我的心里。

今天，党和国家再次发出号召，让教师成为令人羡慕的职业，要让尊师重教在全社会蔚然成风。这样的明智之举固然让我感觉欣慰，但自身的工作经历也使我深深地觉得，全社会对教师职业的敬重，对教育的理解和支持，不能仅靠号召，必须是教师用自己的行动去赢取。

这样的教育认识，影响着我今天的教育抉择，也让我坚定而自觉地将家园共育作为幼儿园的大事之一，作为办园的重要基石。

被动中走上"家园共育"之路

和富力桃园幼儿园的结缘，完全是一场出乎意料的"遭遇战"。

那是2010年4月底的一天，正在上班的我接到通知，马上到区教委开会。哪想到，我就这样一头雾水地被任命为富力桃园小区的幼儿园园长，事先没有任何风声，也没有任何征兆。

宣布完我的任命，我走出教委办公室，两位科长当即陪同我，一起赶赴富力桃园小区。说是陪同，现在想来，简直是"绑架"啊！

那一天的情景至今还历历在目，我们的车七拐八拐地一路向海淀区东北方向开去。在路上，我极力想象着小区的地理方位、周边环境、既有设施……直到科长指着一片建筑垃圾还没有清完的街道对我说："喏，这就是富力桃园了。"

我好一会儿没说话，心里是说不出的震惊。这跟我想象的差距也太大了吧！这里是海淀的最东北角，一条马路之隔，就是昌平农村了。

虽然我多少有心理准备，但情况仍比我预计的还要糟。走进小区，道路两旁的地下设施还没完工，路面千疮百孔。我们踮着脚尖走到小区西北角的一栋四层小楼前，四壁空空，室内堆满建筑垃圾。科长说，这就是你未来的幼儿园了。

我当时说过什么话，完全记不起了，除了震惊还是震惊。等到了家才回过神：对呀，领导只管交代任务，一没说给钱，二没说给人，就我一个光杆司令，还有一个空架子，我就是有三头六臂，也无处施展啊！

问题是，我很快就发现，这还不是最糟糕的情形。

没过几天，我就明白了原委：这个幼儿园园长是怎么当上的。富力桃园小区，是开发商规划建设的一座中高档小区。当时，小区房屋一交付给业主，这些业主们就发现了一个大问题，开发商此前承诺的"小区拥有一座优质幼儿园"并没有兑现。业主们立刻炸开了锅：孩子入托怎么办？将来怎么能安心上班？再说，小区地处偏僻，周围也没有合适的幼儿园可选择。

失望、怨愤、不满的情绪开始迅速集聚，就像即将喷发的火山一样一触即发。当地街道办不敢怠慢，赶紧将这一情况报告给区政府，化解矛盾，缓和事态。

经过紧急磋商，区政府向业主保证：立即建设幼儿园，而且是一流的公办园。区教委也多方选择，最终，这个任务就落到了我肩上。

说实话，清楚了来龙去脉，我不禁暗自倒吸一口凉气：这与其说是"委以重任"，不如说是坐在了火山口上啊。

但当时的情形已容不得我有退路，更何况，以我的性格，我从来都不是一个临阵退缩的人，越是有难度的事，似乎越能激发我的创造性。

说干就干，我不会向任何人叫苦，再苦也得自己扛。我自己出钱在小区租了一套单元房，到旧货市场淘了几件桌椅，从家里搬来计算机，到超市买来锅碗瓢盆、柴米油盐，一个临时的幼儿园筹备处就张罗起来了。

我又打电话给几个多年"死党"，请她们火线支援，说动她们来给我做志愿者，协助筹备建园事项。我们一边规划装修园所，一边"招兵买马"，根据区教委核定的编制招聘教师。

就在这样百废待兴的情况下，我心里已经暗暗确定了一个办园思路：基于多年的办园体会，面对这样的家长群体，审时度势之下，一定要走出一条家园携手、共同发展、相互理解和支持的全新办园模式。

事实证明，这也是富力桃园幼儿园能够迅速得到家长接纳，站稳脚跟并进入良性运转的关键一招。

我是这样变"对手"为"助手"的

随着紧锣密鼓的筹备工作，我们很快招聘到了第一批教师，成为和我一起同甘共苦的创业者，我们设计了幼儿园的网站，做好信息发布和招生宣传。

但毫无疑问，我们面对的最大困难，就是如何尽快稳定小区业主的情绪，赢得他们的信任，让他们接纳这所还在装修设计中的幼儿园。

我也很快了解到这个小区业主们的"厉害"。富力桃园小区的这些业主不仅学历高、智商高，而且特别"抱团"，维权意识非常强。他们自发成立了一个非正式的小区业委会，凡是觉得不合理、不公平之处，就会发起集体维权。这一点在远近是出了名的，无论是开发商、物业、居委会还是各级机关，对他们都忌惮三分。

不用讳言，这些年来，我们和这些业主也有矛盾和冲突，经常要"斗智斗勇"，但总的来说，我们之间的相处出乎很多人的意料，基本上可谓是十分融洽，在教育上达成了一致共识，多年来家长成了幼儿园发展最大的支持力量。

我们究竟是怎么做到的呢？从幼儿园筹建之初，为了稳定家长情绪，增强家长对我们的信任，我们主动出击，采取这样"四步走"的策略。

第一步，邀请居委会、家长代表召开座谈会，向他们介绍我拟定的"早入手、互信任、齐参与"家长工作三部曲，同时也让他们系统了解幼儿园的园所文化、教育理念以及未来发展蓝图。

第二步，组织教师入户摸底调查，弄清小区幼儿数量、健康情况、家庭结构。

第三步，面向业主和社区，开展咨询活动，普及幼教知识。

我仔细分析，小区业主大多是初为父母的年轻人，望子成龙心切，但高学历并不意味着懂教育，他们对孩子的成长教育其实大多缺乏科学理性的认识，容易受社会上某些培训机构忽悠，做出违背儿童成长规律的选择。为此，我组织教师在小区摆摊设点，耐心细致地向过往家长解答育儿常识，有针对性地提出培养建议。

第四步，开展亲子活动。邀请家长和幼儿一起参加由教师们组织的活动，借助表演节目等形式，深入了解幼儿和家长，发现幼儿的兴趣爱好和发展倾向，也让家长和幼儿了解教师、亲近教师，让教师尽早走进儿童心灵，走进家长视野。

实践证明，我们这"四张牌"打得相当漂亮，在建园之初我们用真诚的态度和专业的精神赢得了业主们的好感。

作为一所尚在装修设计的新建园，家长们普遍担心的，就是幼儿园的用工用料是否科学环保，是否会影响孩子的健康。

将心比心，我们很理解家长会有这样的担心，于是特地邀请家长们参观正在装修的教室、活动场所、操场、厨房，向他们介绍装修材料的材质、来源、环保控制标准。

经过实地了解，家长的担心被打消了，同时也对我们细致认真的服务精神一致称赞。

像这样的细节还有很多，我们凡事想到前头，做好预案，主动向家长做好沟通解释和宣传引导工作，把政府当初对居民的承诺一一兑现，也让那些起初持怀疑态度的家长最终建立了对我们的信任。

最让我感动和鼓舞的就是，2010年9月，按照幼儿园的工程进度，我们还不能开园。这时候，我们向家长解释，幼儿园宁可晚开园，也要保障工程质量。坦诚的态度得到了家长的理解，许多家长纷纷表示，他们本来想把孩子先送到其他幼儿园，但因为我们这样做，他们宁愿让孩子晚些入园，等着小区自己的幼儿园开园。甚至有的家长找到我，问有什么需要帮忙的，他们也愿意为幼儿园的建设出一份力。

来自家长的信任，让我在2010年的那个酷夏，心里平添了一丝丝清凉。为了这难得的信任，我带着临时组建的团队，加班加点，无怨无悔。在那段艰苦的日子里，我们都被希望的亮光鼓舞着。

2010年的12月1日，一个值得铭记的日子，在我和教师、家长们的期盼中，富力桃园幼儿园历时半年多的建设，终于开园了。

也是从那一天开始，我们始终如一像筹建期一样，把家长当成了最亲密的伙伴、最坦诚的朋友，用我们开放、真诚的办园态度，用我们专业、细致的教育精神，用我们智慧、创造性的工作方法，让他们随着幼儿园的发展、伴随着孩子的成长，共享教育的快乐与幸福。

而幼儿园也以神奇的发展速度，短短两年时间，就达到一级一类幼儿园标准，成为北京市早教示范基地、海淀区示范幼儿园，到2016年，又成为市级示范幼儿园。这一切都一步一步按我们最初勾画的蓝图迅速实现。

可以说，这其中离不开家长的信任、理解与支持，有他们的功劳。家园共育是我们不变的初心，它逐渐融入我们的办园文化，也是至今不断追求、不断丰富的发展策略。

从"家园共育"到"家园共治"

建园以来，让我最欣慰也最自豪的就是，几乎没有和家长发生大的矛盾或纠纷，也从没有家长因为孩子的事情和我们不依不饶，闹得不可开交。

就像一家人过日子一样，磕磕碰碰的事情总是难免的，但是，因为多了一份理解和信任，问题都能顺利得到解决，而且每一个问题的解决，似乎都能让我们彼此的感情更深一分。

如果说，一开始我们更多的是被动走上家园共育的道路的话，这些年，我们在这条路上越走越坚定、越走越顺畅，也越走越觉得这件事做得很有价值。

无论是办教育还是做人，我一直觉得，真诚最重要。也正是我们的真诚，让家长逐渐认可和接纳了我们。要办好教育，来不得半点的虚假和应付，我们在办园的过程中始终是本着不吝付出、不怕吃亏的精神，认真、本分地做好每一件事。

比如，开园第一年，入园的孩子还不多。这时候，我们没有急于扩大招生宣传，而是把关注重点放在已经入园的孩子身上，踏踏实实做好幼儿园的教育。这一年，我花了很多时间和全园一大半孩子的家长进行沟通，既让他们了解幼儿园的办园理念和设想，也耐心地倾听他们的需要。

这样做虽然费时费力，却有效地与家长达成了教育共识。无形之中，每一个入园孩子的家长也就成了我们的宣传员，让我们在社区有了较好的口碑。

再如，近年来，学校幼儿园的食品安全事故频发，但是在我们幼儿园，无论孩子还是教师都对食堂师傅制作的美食赞不绝口，不仅吃得开心，而且吃得放心。每到幼儿园的开放日，家长们也有机会走进食堂，观摩食品制作流程，尝一尝让人食指大动的自助餐。

让教师和孩子们吃好吃饱，一直是我特别关注的问题。幼儿园从食材选购、食品制作到营养搭配，每一个细节都严格把关。我们要求供货商每天送菜，保证让孩子们吃到最新鲜的鸡蛋、蔬菜和粮油。举一个小例子，我们不允许食堂直接购买肉馅，而是买来整块的肉自己加工肉馅，这样加工出来的食材一定是真材实料、健康美味的。

尽管这样做增加了成本和人力，但也防患于未然，规避了食品安全问题。每一天，我都和老师、孩子们一起在食堂就餐，幸福地享受着各种可口美食。

像这样的例子还有很多，凡是家长担心的事，我们就真心实意地把它做好，让自己安心，也让家长放心，即便为此花了更多的"笨功夫"，好像是吃了亏，我们也在所不惜。

也正是本着这样的理念，我们才能毫不设防地开放办园，一建园就把组建家长委员会（以下简称家委会）当成重要事项，选择有公益心、有较高参与热情的家长做家委，尊重他们的知情权、参与权和建议权，有问题向他们"打开天窗说亮话"，有困难和他们一起想办法解决。这样一来，这些家长委员都把幼儿园的事当成自己的事，也成了家园之间的信息传递员和调解员，让家园之间沟通更顺畅。

同时，我们积极创设了家长学校，根据幼儿园的教育进度，定期设计有主题的亲子教育活动，邀请教育专家举办家庭教育讲座，引导家长的理念转变，给他们适当的方法支持，让家长享受到教育的成果，和孩子、幼儿园一起成长。

每年开园的新生家长会，我一定会亲自给家长们做讲座，原计划40分钟的家长会，常常会延长到一两个小时。因为我们想传递给家长的东西太多，家长急切想了解的问题也很多。我们也特别珍惜这样的机会，事前精心准备，向家长阐述我们的教育理念、活动安排、教学流程和需要家长配合的事项，事无巨细，都给家长讲清楚说明白，帮助他们尽快度过孩子入园的"焦虑期"。

多年来，幼儿园里已经形成了一个传统，不管是全园的家长会还是班级家长会，不管是开放日活动还是其他亲子活动，在邀请家长入园前，我们都要精心准备，设计好活动预案或课程课件，从不轻率和盲目，保证让家长带着期待而来，带着满满的收获而归。

慢慢地，在我们日常的教研工作中，家园共育成了一块必不可少的内容。每一份家园共育活动方案都是集体教研的产物，大家一起出谋划策，反复修改打磨。家园共育中的问题，我们查资料、做调研，一起寻找解决的办法。

近几年，随着家园共育工作的规范和完善，我们在引导家长成长的同时，也鼓励家长更多地参与幼儿园的教育和管理中来，把推进家园共治作为我们的一个重要办园目标。

幼儿园每年都会面向全园家长开展调研，以往的重点是了解家长的需求，发现家长的问题，进而有针对性地改进我们的家园共育工作，对家长进行教育引导。但现在，我们更多地把调研的关注点放在发现家长中的教育资源，进而用好家长资源上。

为此，我们开展家长进课堂活动，邀请各行各业的家长走进幼儿园，面向孩子们开设各种各样的园本特色课程：安全教育、美食烹饪、手工制作、科技体验……这些课程不仅补充和丰富了园里的教育教学活动，而且让家长在参与幼儿园课程建设中，增进了亲子情感，加深了对幼儿教育的理解。

在这个过程中，一方面，家长逐渐变被动为主动，更多地参与幼儿园的各项事务中，发挥他们的资源优势，帮助幼儿园排忧解难。另一方面，我们也把引领家长、服务社区当成自己的分内事，教师们定期深入社区开展各种早教活动，让没有进入幼儿园的孩子也能享受我们的优质教育。

我们也越来越觉得，家园共育是一项大工程，有越来越多的做不完的事情，有更多可以开拓的教育空间。做好家园共育，可以让幼儿教育更有质量、更为精彩。虽然这些工作，看似给教师们增加了很多额外的事，占用了他们很多休息的时间，但大家都毫无怨言，积极参与，也从中收获了专业成长，尝到了教育成功的甜头。

我常常对教师们半开玩笑地说，我的名字里有一个"福"字，我的人生信条之一就是，吃亏是福。要做好教育，一定不能功利心太重。

我也相信，在家园共育中，大家的每一分付出都不会白费，而是变成成长路上的精神养分，滋养着我们的心灵，积淀着教育的智慧，也用我们的真诚去换得家长的真诚，一起让教育成为孩子成长路上最美的陪伴。

第二章　信任让我们向家长敞开大门

在富力桃园幼儿园，家长们有很多机会可以深入到园里各项活动中。一年到头，我们有许多亲子共同参与的主题教育活动；幼儿园也会创造条件请家长体验或观摩教学；偶尔，他们还能在开放日活动里品尝幼儿园大师傅精心制作的美食……

总之，只要家长们愿意，幼儿园的大门随时向他们敞开。不仅如此，从建园开始，我们就十分注重通过家委会的建设，推进家园共治，鼓励家长参与到幼儿园的管理中来。

对此，有许多人不理解，觉得我们是给自己找事。也有人好心建议我们，应该与家长保持距离，幼儿园里的事还是应该自己说了算。

他们的好意我们能理解，这些年，因为家园矛盾、家校矛盾等发生的极端事件，让教育人战战兢兢。为保平安，许多幼儿园或学校都实行了严格的封闭式管理，同时也尽可能地把家长关在门外，觉得让家长了解得越少越好。

但是，我们的深切体会是，儿童的健康成长，绝对离不开家园之间的密切配合，也不能忽视家长对孩子的影响。良好的教育结果既有赖于教育机构的水平与付出的努力，同时也必须有家长乃至社会的参与。家长不是我们的对立面，把家长工作做好了，幼儿园的工作也会事半功倍。我们要把家长当成教育的合伙人，团结好这支力量，引领他们与幼儿园、与孩子一起成长。

成立家委会，做好教育管理的必然选择

成立家委会，让家长参与幼儿园的事务，是我们从开门办园就走出的重要一步，也是我们优化幼儿园管理的关键举措。

诚然，作为专业的幼教工作者，我们对教育的基本判断无疑是科学的、正确的，我们面对孩子所持的态度，与父母们相比也自然会更加理性与专业。然而，要做好教育，仅仅依靠幼儿园和教师的力量远远不够。没有家长支持和参与的教育，不仅是有

缺陷的，而且也是力量有限的。因此，我们发自内心地希望更多家长能够和我们一样，真正俯下身来倾听孩子的声音，走进孩子的内心世界。这就需要在家长和园所之间架起一座沟通的桥梁，彼此互相信任，让家长在专业的引领下，与孩子共同成长，享受教育的快乐。

这就是我们成立家委会的初衷，我们需要一支这样的力量，协助幼儿园完成这样的工作与使命。

更重要的是，建园之初，正值党和国家提出，推进教育治理体系和教育治理能力现代化，把它作为当前教育改革的重点任务之一。这个看起来很宏大的主题，其实离我们的教育生活一点都不遥远，甚至可以说是息息相关。

家委会建设，就是在教育管理实践中推进治理优化、协商共治的一个小小尝试。成立家委会前，我们也特别搜集了国内外关于家委会建设的相关材料。

我们了解到，成立家委会，使之支持、参与幼儿园和学校的管理，并不是新鲜事物，各国都有特色各异的尝试，已经有过上百年的探索历程。

在国外，家委会有其特有的独立性和参与性，在某种程度上既解决了园所对教育管理的大包大揽，又减轻了园所管理的负担。例如，美国的"全国家长教师协会"，经过100多年的发展，会员总数超过500万人，已成为全面维护学生利益的全国性志愿者团体。[1]这个协会的主要工作就是代表学生父母行使教育参与的权利，参与园所管理，进行家长教育、健康指导等工作。

家委会建设方面，做得最规范的是法国。他们从20世纪80年代开始就鼓励并指导家长参与园所教育管理，各个园所针对各自的不同情况，制订相应的家园合作计划和制度，为促使家长和园所之间建立和谐发展的合作关系[2]，还会对家长进行培训，培养家长参与教育合作的兴趣和意识。同时，法国还有"全国家长联合会"，其家长代表有权与教育部长讨论预算、教师名额、代课制度和保险医疗等教育政策。[3]

在英国，家长参与园所教育被看作是一种对社会资助者负责任的手段。英国1998年通过立法，宣布"建立家长协会制度"，规定任何人只要年满18岁，都可以参选家长协会，作为家长代表过问和参与园所的一些日常事务。[4]

在日本，家委会会员人数十分惊人。家委会在推动日本义务教育及教科书无偿化，推动园所保健安全法、园所午餐法等教育立法的改革进程中，做出了不可磨灭的贡献。[5]

---

1 陈立永：《学校家长委员会建设范式的转型》，载《教育科学研究》，2011（7）。
2 赵志毅、霍加艾合麦提、刘晗琦：《健全家长委员会制度势在必行》，载《中国德育》，2015（3）。
3 《国外家长协会力量大》，载《南方教育时报》，2012-12-14。
4 《国外家校合作热 立法保障家长权利》，载《南方教育时报》，2017-09-29。
5 梅杰：《家委会建设策略和实操路径》，第十三届班主任名家论坛，广州，2016。

在查阅和研读资料的过程中，我们也发现了一些国外的家委会如何运作的实践案例，这个对我们特别有帮助。

已经在英国定居多年的孙萍女士，主要从事中英教育文化方面的交流。她曾在家委会工作9年左右，是这方面的资深人士。孙萍所在家委会的简称是PTA，P代表家长（parent），T代表教师（teacher），A代表协会（association），从这个名称就可以看出，家委会的基本构成包括园所教师和家长。参与PTA的家长自愿报名，只要园所有活动，都可以参加。PTA相当于一个公益性组织，孙萍说，PTA的工作没有任何报酬，完全是志愿精神的体现。[1]

在德国的教育体系当中，"家委会"也是个很重要的角色，有明确的法律规定其权利和义务，加强家长间的联络是主要工作内容之一。每到新学期伊始，家委会通过茶会或者聚餐形式，组织大家一起互相交流孩子们的学习或生活情况。[2]

我们了解到，德国的学校里特色庆典活动很多，每隔一段时间就有一个相应的节日，会组织一些义卖、展览、郊游等，都是由家委会来负责统筹安排。当活动中遇到困难或问题时，家委会向班级的家长寻求帮助。例如，参与义卖的家长太少，会发出求助邮件；运动会志愿者不够时会请大家积极参与。问题得到了解决，委员们也会发感谢邮件，将活动的成果进行报告。

通过充分的文献搜集和研究，我们也真正认识到，家委会的主要功能，是充当学校（幼儿园）和家长之间沟通的桥梁。家委会的工作是双向的，一方面是向学校（幼儿园）反映家长们的建议或意见，另一方面也向家长反馈校方（园方）的回应或措施。

相对于国外健全的"家委会"体系和制度，我国的学校和幼儿园工作比较滞后。一些学校和幼儿园虽然有家委会，但缺少制度建设和规范操作，运作不够科学，工作上比较随意。很多家长的观念，还停留在"教育就是园所的事"的层面，对家委会工作的认识不充分，也不到位。

实际上，对于家委会建设，我国有明确的规定。教育部颁布的《幼儿园工作规程》第54条指出："家长委员会的主要任务是：对幼儿园重要决策和事关幼儿切身利益的事项提出意见和建议；发挥家长的专业和资源优势，支持幼儿园保育教育工作；帮助家长了解幼儿园工作计划和要求，协助幼儿园开展家庭教育指导和交流。"

但由于存在诸多的担心，一些幼儿园并不重视家委会建设，虽然有家委会，也是有名无实，没有发挥实际的参与园所管理的作用。究其原因，最大的担心就是家长参与幼儿园管理，会不会横加干涉，影响幼儿园的工作，或者担心家长知道得太多，反

---

[1] 温涛：《伦敦客人来访，我们聊了聊英国的家委会》，齐鲁壹点网，2018-03-22。
[2] 林蔚：《德国：家长委员会可不是"香饽饽"》，载《中国青年报》，2017-11-14。

而不利于园所管理。

但在我们看来，家长如何合理地参与幼儿园的管理，这需要"约法三章"。而更重要的是，越是在家园关系紧张的情况下，越需要以开放的态度请家长参与进来，化解家园之间的对立状态，在教育上达成一致意见，这样才是最明智的态度。

可以说，家委会相当于一个"中间缓冲区"，通过增进学校（幼儿园）与家长的沟通交流，使彼此更加理解，配合更加默契，也将一些可能的问题与矛盾消弭于无形，防患于未然。

正是基于这样的认识，在建园之初，家委会建设就是我们非常关心的头等大事。对于家委会如何产生？家委的素质如何让方方面面满意？家委会如何顺利地行使权利？怎么样才能保证家委会不是另一种形式主义？如何保证家委会的工作性质永不变味？等等，类似的问题，我们都有细致而慎重的考虑。

因为做了这些必要的前期"功课"，又想清楚了可能的各种问题，所以我们的家委会建设从一开始就相当顺利，很快进入良性运转的轨道。

打破"潜规则"，让家委会变成教育正能量

前不久，一则某地教育局要求登记家长职业的新闻被爆出，引发轩然大波，最后以该地主管部门出面澄清并道歉，事情才勉强收场。

在这样负面事件的背后，流露出的是各方对家园（家校）合作的一种明显的误解。也难怪，现在社会上有一种观念：在学校或幼儿园，能成为家委的都得是"有身份"的人。

这不，据报纸报道："某学校的家委会，一般分为班级、年级和学校三个等级，级别越高代表着层次越高，而越是层次高的家委，不仅需要良好的个人素养，还都是具有一定社会地位的'身份人儿'。学生入学后先填一张表格，上面记录了父母的姓名、职业和家庭住址等具体信息。班主任再根据这些信息，进行初步的调查和筛选，从而确定班级家委的候选名单。这样一来，就意味着很多普通家长被挡在门外，如果想成功入选，除了要具备良好的个人素质，经得住层层选拔和考核，还要有着一张过硬的身份王牌。"

如果说这样的家委会能对教育起到积极作用，我们实在不敢苟同。退一步说，即便那些"有身份"的家长能给学校带来一些所谓的"实利"，但总的来说还是弊大于利，不利于教育长远发展和孩子健康成长。

可也因为这种对家委会的误解，导致另外一种现象出现——有些家长挤破头也要当家委，他们抱着投机心理进入家委会，以便让自家孩子得到更多照顾和机会。

这种乱象的出现当然不能完全归咎于家长，因为有些学校或幼儿园的家委会的确存在某些"潜规则"。譬如说，教师有什么事都会第一时间通知家委，让家委提前得知

"内幕"消息，或者有好事教师先考虑家委的孩子。

作为教育者，我们不希望这样的"潜规则"出现。因为如果这样，当个人私利和家委会的公共职能发生冲突时，家委很可能产生假公济私、舞弊寻租的行为。家委会应更多表达家长的集体声音，而不是几个人的"一言堂"。

真正的家委会，是增进家园情感的纽带，也是教育通力合作的桥梁。家委会的设立，本意是要弥补在孩子教育上家园之间的信息不对称以及教育责任缺位等问题，打通家园教育之间的壁垒。因此，双方应达成充分共识，并做到各司其职。

问题是，如何建设理想的家委会，选出那些有时间、有精力、有良好教育理念、有公共责任心且敢言会说的家长呢？要找出真正能为幼儿园发展出谋划策、能推动家园关系的家长，这是一个反复比较、甄选的过程，也是一个相当复杂的过程。

还记得，第一年开园不久，我们一发出招募家委的公告，就有很多家长愿意积极参与、纷纷自愿报名。其中有大学教师、律师、街道办职员，等等，各行各业应有尽有，当然，还有一些是全职妈妈。

我们的第一个选择条件，就是不管家长做什么职业，一定要有时间和精力，愿意为班级乃至幼儿园所有的孩子奉献。

例如，有一名家长是大学教师，听到选举家委的事后积极报名，她说，很早就盼着小区能有公立幼儿园，现在终于有了，她特别想为幼儿园的发展做点什么。这样有意愿、有时间又有专业素养的家长，我们求之不得。

当然，所有报名参与的家长，都是出于对幼儿园的信任。我们在诚挚欢迎的同时，也要了解他们的想法，并让教师进一步了解家长的情况，包括品格、能力等，最重要的还有他们的教育理念。

有的家长，孩子偶有磕碰就特别紧张，还没了解情况就对教师大发雷霆。做父母的心情我们能理解，但面对孩子的教育，既需要情感更需要理智。

每次新生家长会上，我们都会给家长看一段视频：一个五六岁的大孩子多次把一个两岁左右、刚会走路的小孩子推倒，小孩子没有哭，每次被推倒后都很快爬起来，继续往前走。出乎意料的是，站在旁边的双方父母只是观望，没有互相指责或埋怨。

你也许会觉得那个小一点的孩子应该得到更多保护，其实不然，他在一次次被推倒的过程中学会了用双手快速支撑身体，保护自己。关键是，他的父母也在尝试着让孩子独立面对困难和挑战，独立处理与他人的关系，毕竟孩子成长的道路上，父母不能永远陪在身边，替他解决所有问题。

放完这段视频，我们对家长们讲，你们送到幼儿园的不是花瓶，而是生命，生命本就存在很多不确定性，这就是生命成长的过程。我们不可能让孩子的成长完全按照自己的期待进行，如不达到要求，就不能接受。持这种观点的家长，很可能会带来负能量。

图2-1 园长召开新生家长会

图2-2 家长参加新生家长会

有一位妈妈，在孩子入园初期对幼儿园有很多疑问，总是质疑我们的工作。她很有影响力，对整个小区的情况也很了解，沟通能力很强，一度让教师们感觉很有压力。最初选家委，许多教师都不建议选她。

遇到这种情况该怎么办？我们决定找这位妈妈聊一聊。经过一番推心置腹的交流，我们发现，这位妈妈其实很有公益心，只是跟我们缺乏有效沟通，导致出现一些误会，比如，小班刚开学的时候，为了让孩子能顺利适应幼儿园集体生活，避免因上火不爱吃东西，我们特意让厨房师傅给孩子做软烂易下咽的汤饭，这位家长看到后，误以为我们一直会这样，觉得我们的伙食有问题。其实，我们每日给孩子的三餐两点，都是在保健医的科学指导下配备的。类似这种情况，沟通清楚就好了。这位妈妈也因此建立了对幼儿园的信任，随后成了幼儿园的一名家委，为幼儿园的发展做了不少工作。

图2-3 孩子在幼儿园第一次吃自助餐

事后，有人问我们，遇到这种家长，大家都避之唯恐不及，你们为啥这么有魄力，敢选她做家委，就不怕她继续找麻烦？

其实这种担心是没有必要的，我们做的每一件事，出发点和落脚点都是为了孩子，相信家长即便一时有质疑，也会理解我们的真心。更重要的是，在和这样的家长交流中，我们也认识到，她不是一个只顾私利的人，而是很有公共责任心的人。这样的家长，在小区很有影响力，又敢说话，如果能够加以引导，让她有更多的知情权，鼓励她多通过正面的渠道发声，对其他家长将会是一种积极的影响，从而避免因不了解情况而产生更大的误会和不必要的负面影响。

说到底，只要我们和家长都能出于公心，彼此坦诚相见，最终一定会成为志同道合的伙伴。

像这样，通过与家长们的沟通了解，我们初步确定了选择家委的三条标准：一是有时间、有精力，愿意为大家服务；二是教育理念能够与幼儿园一致，并能帮助更多家长在培养孩子上与幼儿园达成一致；三是有一定的分析和思考能力，有较强的沟通协调能力和表达能力，能协助幼儿园完成办园目标。

经过一番推敲和甄选，我们最终确定了每个班级的家委会成员，进而建立了幼儿园的第一届家委会。

为家委会赋权，把他们看作"自己人"

事实证明，第一届家委会的成立在幼儿园的工作中发挥了巨大的作用，在后续的幼儿园暖气改造、幼儿园户外操场扩建等一系列事项中，都为幼儿园的重大决策发挥了重要作用。幼儿园的发展，与他们的积极参与和努力贡献是分不开的。

家委会成立后，我们做的第一件事，就是明确家委的职责。在第一次家委会上，我们既说明了家委会的意义、家委的职责，也帮助家委明确了工作思路，了解自己可以在幼儿园工作中发挥哪些作用。

经过慎重思考和与家委会协商，我们确定了家委会5个方面的职责和权利：

——参与研究和制订幼儿教育有关计划、方案，商讨和解决幼儿教育中的矛盾和问题，协调幼儿园与家长、社会的各种关系；

——及时反映家长等对幼儿园工作的意见和要求；

——积极配合并带头贯彻执行幼儿园的各项决定；

——努力完成幼儿园委托的各项公益事业；

——为改善幼儿园办园条件出谋划策，提供条件。

这些职责和权利的提出，也就意味着，幼儿园事务是对家委会公开和透明的，他们有知情权、参与权、决策权和建议权。

当然，有人觉得，让家长知道太多的事，会不利于幼儿园的管理。但我们丝毫没有这样的担心，在我们看来，家园"彼此支持，相互信任，相互理解，互利互助"，才是双方合作共赢的基础。

家委会成立不久，一个突如其来的问题，让我们的家园关系经受了严峻的考验！

2010年12月，幼儿园开园在即，一切准备就绪，就在教师们都憧憬着"开园典礼"的美好时刻，随着供暖季来临，一个突发问题给大家头上笼罩了一层阴云。教师们发现，园里的活动室和睡眠室暖气片温度过低，如何不影响开园后的教育、教学活动，尽快解决班级供暖问题，这让我们忧心忡忡。

最棘手的问题，是如何与家长沟通暖气问题。眼看通过我们的前期努力，已经初步赢得家长的信任与支持。这样尚且十分孱弱的家园关系，会不会因此土崩瓦解？

因为入园的幼儿大都来自周边小区，家长们的教育理念千差万别，为了得到家长的理解，我们前期曾做了不少的努力。现在怎么办？要不要告诉家长？我们先召集老师们开会，为了解决供暖问题，大家想了很多办法，有的要把家里的电暖气带过来，有的提议用空调来提升室温，有的主张让幼儿注意保暖。可大家都清楚，最关键的问题，还是怎么跟家长去说明。

思虑再三，我们一致认为，当务之急是坦诚地向家委会说明情况，既求得他们的理解，也请他们予以支持，一起群策群力想办法解决。

随即，我们请来了当时全部4个班级的8名家委，召开建园以来的第一次家委会会议。我们首先详细介绍了幼儿园前期的筹建情况，特别说到为了孩子们的健康，我们在环保方面严格把关，请家长放心。但由于客观原因，目前园区存在供暖不足的情况，造成室内温度不高，我们对此非常焦急和担心，正努力协调解决。（图2-4）

图2-4　第一次家委会会议

这个情况，确实是我们以前没预料到的，原因也极特殊。幼儿园和所在小区都采取集体供暖，但幼儿园属于供暖管道连接的最后一户，暖气管道过细，导致暖气供到幼儿园时不够热，我们已经和供暖公司沟通了，他们的意见是需要调整供暖管道，才能解决暖气问题。可是由于刚装修完，如果调整整个园区的暖气管道，需要重新改造多处地方，一方面时间上不允许，另一方面资金上也存在困难。

听我们如实说明了这些情况，家委一方面对孩子们冬天的身体健康表示担心，另一方面也很通情达理，表示理解园方的难处，商量着如何妥善解决。

现实情况是，我们作为公办园，所有事情都需向上级打报告和按流程审核，短时间内解决暖气改造问题有难度。为此，我们也拿出一个解决预案：关闭所有办公区域暖气，保证班级暖气温度能最大限度地提高，同时开启空调补足暖气，保证班级温度能达到18℃。

看到这个预案，家长们也能体会到我们对孩子的真诚关怀，对这个解决预案表示认可的同时，家委也提出，尽快找到更好的解决办法，让教师和孩子们都能平安过冬。

让我们很感动的是，不久后园里召开全园第一次新生家长会，当我们说到幼儿园的供暖问题时，家委都主动替园里说话，出面和其他家长详细说明情况。有了他们的"现身说法"，家长们也纷纷表示理解。

东东妈妈说："咱们小区能有公立园，已经够幸福了。园里的硬件和软件比孩子以前上的幼儿园好很多，暖气问题园里很重视，总会解决的。"

明明爸爸说："这也不能怪园里，幼儿园是供暖管道连接的最后一户，暖气管道过细，对这种情况，园里已经尽最大努力去解决了，一定不会让孩子受冻，我们很放心。"

经过家委的悉心解释，也在教师们的妥帖安排下，我们担心的情况并没有出现，反倒让家长和我们的心贴得更近。幼儿园如期顺利开园，第一个月里，4个班级的幼儿出勤率均超过95%，家长们都对幼儿园表示满意，反馈说孩子入园后进步很大，夸幼儿园的教师们专业，能时时处处为孩子着想。

就这样，因为家长的信任，几年时间，幼儿园由4个班变成6个班、8个班、10个班、13个班，家长们对幼儿园的认可度越来越高。暖气管道改造，因为一些客观原因拖了很久才解决，但在这个过程中，家长和我们一起想办法，没有一位家长对幼儿园的暖气问题提出质疑。家园之间奏响了一曲爱的主旋律，在寒冷刺骨的冬天，营造出了融融暖意，持续地温暖着孩子们。

家园携手，共同解决"入园难"

作为首都的主城区，海淀区虽然近年来持续加大学前教育投入，但仍面临着巨大的入园压力。当初，富力桃园幼儿园就是为了解决西三旗地区的"入园难"问题才应运而生。可是，自建园以来，我们的招生压力始终没有减小。

这种压力来自方方面面，社会上的压力自不必说，作为西三旗地区唯一一所公立幼儿园，大多数家长都希望能把孩子送进来。随着海淀北部人才集聚，入园适龄儿童呈上升趋势，这本身对幼儿园已经是很大的压力。即便如此，还经常有领导这样对我说："小赵啊，开几个班了？要不断挖掘自身潜力，还可以多招些孩子啊。"

要化解这些压力，最直接的办法，就是把功能教室改成班级教室。为此，幼儿园几乎每年都在改建、扩招中。但是让我们心痛的是，招的孩子是多了，可我们给孩子提供的活动空间就那么大，任凭我们再怎么闪转腾挪，也变不出多余的活动空间。孩子的身体健康怎么保证？又怎么给孩子提供优质教育？每每想到这些，我们就觉得非常地愧疚，对不起园里的孩子们。

这个问题该怎么解决？幼儿园南操场围墙外有一片小区公共绿地，我已经"觊觎"

已久。如果能把这块地用上，可就给幼儿园解了燃眉之急。

一天，当我把这个想法告诉大家的时候，大家都一脸惊讶。"这地儿能让咱们用吗？""小区业主多半不答应。""即便能给咱们用，估计也是有偿的。""这个钱咱幼儿园能出吗？"

虽然大家觉得有难度，但我觉得事在人为，没有尝试怎么知道不行呢？即便不行，也是试了才知道。为了孩子们，我也愿意一试。

就这样，我们开启了与物业长达半年之久的谈判之旅。第一次沟通很干脆利落，还没说两句人家就把我们堵回去了，觉得我们太异想天开。随后几次交涉，均无功而返。

看来得另辟蹊径，我提议，能否跟家委商量一下。我们的家长大都是这个小区的业主，也许他们能给出一些好的建议呢。

我们收集好园里关于场地的困惑和场地建设的方案，召开了一次全园家委会会议。在会上，我们首先跟家长说明了希望添置的器材，它们有哪些功能，对孩子发展有什么益处，这些器材对场地有什么要求，然后提出来，希望利用小区里这一块公共绿地，并进一步介绍了我们设想的方案。（图2-5）

图2-5　关于操场改造召开家委会会议

因为做了充足的功课，听完这些，家委都清楚了我们的意图，接下来就开门见山，一起集思广益，商讨怎么样让这个梦想从可能变为现实。对小区的情况，家长们比我们还熟悉，他们建议说，我们看上的这片场地，是全体业主的公共绿化用地，不属于物业和开发商，不妨组织园内家长针对此事做一次调查，看看大家的支持程度，这样有利于我们接下来的工作开展。

这个建议很好，至少是把我们近乎停滞的计划往前推进了一步。随即，我们组织了全园家长会，通过家长会讨论，接近98%的家长同意园里的做法。这给我们增加了莫大的信心，后来的过程虽然几经曲折，但家长们的支持始终是我们努力的勇气之源。

在寻求解决问题的过程中，家委得到任何新消息，都及时与园里进行沟通，不厌其烦地和我们一起琢磨新办法。

最后，在家委的支持和参与下，我们采取了一个"笨办法"，在小区里逐家登门拜访，进行小区业主的全员调查，诚恳地说明我们的意图，征求业主的意见。

这是一项相当繁重的工作，但是家长们都不辞辛苦，义不容辞地参与到调查工作中。整个调查历时十多天，这个过程中，家委与我们多次沟通研讨，提出各种意见和建议，不断完善我们的调查策略。家委有针对性地组织了老人团、妈妈团和爸爸团，"分头出击，各个击破"。最终，经过"地毯式"的调查，让我们喜出望外的是，超过半数的业主同意我们扩充户外场地的方案。

有了业主们的同意，我们说干就干。不久后，幼儿园的户外场地建好了，绿地如茵的小小足球场，天天都上演着孩子们的争霸赛，让孩子们在合作中体会成功；高低起伏的土坡地洞，是大孩子做游戏的堡垒，是小孩子们的小小迷宫；充满挑战的高低杠，因有了绿绿的草地做成的天然保护毯，成了孩子挑战自我的绝佳场所……（图2-6）

虽然这个场地只有几百平方米，却给孩子们带来了无穷的快乐与挑战，也让幼儿园有了施展教育理念的空间。

就是在这样的过程中，家长和我们逐渐达成越来越多的教育共识，也结下越来越深厚的感情，我们携起手来，一起建设我们教育的"理想国"。

富力桃园幼儿园建园以来，取得了很多成绩和荣誉。在我们看来，每一分成绩和荣誉里，都有家长们的支持与付出，他们和教师紧密配合，

图2-6 扩建后的操场成为孩子们的乐园

相互理解、相互信任。这其中，家委会扮演着极其重要的角色，发挥着重要作用。

我经常跟教师们说，家长和教师之间就是一场因爱与责任而引发的美好相遇，想要赢得家长的信任和尊重，靠的不是别的，而是我们的专业能力和真诚的态度，这不是喊出来的口号，而是要用实际行动去证明。

第三章 把教育专业服务做到家长心里

时至今日，已经有越来越多的人开始认同，教育是一种深度服务行业。作为国家的基础性公共服务之一，学前教育更是要满足家长的教育需求，为幼儿的成长提供更好的教育服务产品。

这也是富力桃园幼儿园开办以来，我们在和孩子、家长的交往中获得的最深刻的教育感悟之一。为了赢得家长的信任和支持，我们始终坚持换位思考，想家长之所想。园里的每一项工作，我们都会想到家长的反应，把可能的问题想到前头，做好预案，甚至比家长考虑得更细致、更专业、更严格，用无可挑剔的教育服务让家长放心，让孩子开心。

同时，我们非常注重及时的沟通交流。家园之间的沟通，绝不仅是限于教师和家庭之间的单向交流，而应该是一种"教师与家长、教师与幼儿、家长与家长、家长与幼儿、幼儿与幼儿"之间的平等的、多角度的沟通。理想的家园沟通，是彼此的相互理解，是接纳对方观点、行为，在双向交流中相互协调，最终达成情感与观念上的默契。

有了这样的服务意识，有了心与心之间的同频共振，幼儿园的工作变得简单、顺畅、高效，更重要的是，我们和家长、孩子真正成了"相亲相爱的一家人"，享受着共同成长的幸福。

～ 对孩子的健康，我们比家长还上心 ～

2018年的夏天，我们决定对幼儿园的供暖系统进行整体改造。这可是一项大工程，如何稳妥推进，不影响幼儿园的正常发展？一开始，大家对这个问题都感到有些棘手。

说起幼儿园的供暖系统，一直是我们头痛的问题。幼儿园从建园开始，我们就发现，大部分教室和办公室的暖气到了冬天都不够热。为此，我们曾报批维修暖气，但迟迟未果。这期间我们也多次请技术维修人员进行调整和调试，但供暖效果始终没有明显改善。一到冬天,教室里只能靠空调增加取暖。改造供暖系统,成了全园上下一直期盼的事。

2018年4月,经过漫长的申请程序,区教委终于批准了,可是新的烦恼又来了。

对幼儿园来说,暖气改造还真不是一件简单的事。第一个问题就是,什么时间开始进行改造。暖气改造,工期至少3个月。为了不影响9月份新的小班幼儿入园,这就需要园幼儿提前一个月放假。对在园的300多个幼儿家庭来说,是个不小的问题。这些幼儿家庭,许多都是双职工家庭,提前放假后孩子要在家度过3个月的假期,谁来看孩子?想到这个问题,我们也觉得挺挠头,怎么能够让家长理解,并且配合我们进行暖气改造工程呢?

碰到这种情况,我们都会跟家长商量。在工程实施前,我召开了全园家委会会议,向家长介绍了幼儿园申报暖气改造工程的全部流程,开诚布公地和家委阐述,为什么要进行暖气改造?对幼儿和园里发展有什么益处?工期需要多久?幼儿需要什么时候放假?当然,考虑到放假给家长造成的困难,幼儿园也提出了解决预案,在假期开展哪些亲子活动和帮助家长解决托管困难的办法。我们充分尊重家长的知情权,把这一切都跟家长做了详细说明。(图3-1)

让我们特别欣慰的是,家委都特别通情达理,对幼儿园这项工程给予充分的肯定和支持。他们说,暖气改造受益的是幼儿,必须全力支持,有什么困难大家一起想办

图3-1 暖气改造大家议

法解决。随后，家委将这次会议的内容向全园幼儿家长进行传达，晓以利害，和家长们充分沟通说明。

结果出乎我们意料，全园三百多名幼儿，家长们无一例外，全部同意提前放假。他们通情达理地表示，完全支持园里进行暖气改造。

得到家长们的支持，教师们都觉得既感动又振奋。大家说干就干，热火冲天地开始投入到工程的准备工作中。孩子们放假第二天，我们就按部就班地开始了搬家工作，全园13个班级加上各办公室，所有的家具电器都要找地方妥善存放。由于园里库房有限，我们通过各班的主班教师向家长们说明困难，征集大的物品存放空间。家长们都积极行动起来，纷纷献计献策，有的家长把自己不住的空房子让出来，供园里存放计算机之类的办公用品，有的家长把家里的车库腾出来让我们放大件物品，实在没有地方的家长说："老师，我们家没有大的场地，但是放一些孩子们的玩具或者图书还是可以的。"（图3-2）

图3-2 一起收整物品

真是"患难见真情"。其实能放多少东西并不重要，可贵的是家长们这份心意，这份时刻与我们一起同甘共苦的心，也使我们备感振奋，使暖气改造工程异常顺利地开展着。

但说实话，近些年，遇上房舍建设或装修改造，都是幼儿园特别头痛的事。近年来，有些幼儿园或学校因为建筑材料的环保问题，被家长投诉，被媒体曝光，稍有不慎就会引发轩然大波。

尽管如今的装修改造工程，都是通过规范的程序，由政府招标的建设单位来设计和施工，对材料的选择也会有严格的标准。但是作为家长，难免会有各种担心和怀疑，怕哪个环节出了问题，影响孩子的身体健康。

将心比心，我们非常理解家长的这番心情，因此，在整个暖气改造工程期间，我们都将各种问题想到前头，做好预案，对施工过程进行极为严格的监督和审查。

仅仅这样还不够，2018年7月底室内的暖气改造工程如期完成，园领导和各班的主班教师在完工后第一时间来到幼儿园，除了认真检查验收，还及时进行家园的沟通工作。各班教师把教室的每个角落都进行拍照，活动室，睡眠室，盥洗室，甚至是洗手的水龙头……只要是有改动的地方，我们都细心记录下来，把这些照片精心制成图文链接，当天下午就分享到班级微信群里，告诉家长们我们的暖气改造工作已经如期结束，也让家长和孩子们在第一时间看见我们的新教室。家长们看到后纷纷在群里留言，对工程效果表示非常满意，也很喜欢改造后的新教室，孩子们更是对回到新教室充满了期待。

不过，仍有家长不太放心，提出新问题："老师，新装修的教室空气检测合格吗？会不会有味啊？孩子们能不能在9月份正常来园啊？……"

众所周知，建设工程完工后，按照流程都会有专门的环境检测。暖气改造后的工程检测报告显示，环保指标完全合格。尽管如此，为了让家长放心，我们继续细致地进行了一系列后续的室内环境治理工作。

说实话，尽管检测结果合格，但我同样也会担心，我要对老师和孩子们的健康负责，哪怕一丁点的危害我也不答应。

于是，我们当即购买了大量的绿植和活性炭包，摆放在教室的每个角落。此外，还请了第三方技术公司，对园内每一处进行了两次全方位的空气治理。随后，幼儿园又自费邀请了有资质的环境检测中心，对幼儿园进行了二次环保检测。

开园前夕的8月28日，第二次空气检测报告出来了，结果显示，各项环境指标全部合格。这下算是给教师们吃了一颗定心丸。拿到检测报告以后，我们及时召开了全园的家委会，把暖气改造的工作进程、我们的严格监督、完工后的空气治理及多方的环保监测结果都跟家长们做了汇报，也把环保检测报告公开给家委。

在这次会议上，我坦诚地跟家长们说："各位家长，其实我们的初次空气检测就已经合格了，为什么还要进行空气治理和第二次的检测呢？因为我要对你们负责，对孩子们负责，更要对我的教师们负责。所以在初次检测之后，我们又请第三方公司进行两次空气治理，并请有独立资质的检测机构进行第二次空气检测，最终结果完全合格，这既是让你们放心，也是让我们自己放心。"

会后，我还亲自带领家长们参观了改造后的新教室，现场给他们讲解了园里做了哪些后续工作。家长们都很满意，有的说："真是没得说，你们对孩子健康的关注，比我们家长还上心啊！"（图3-3）

当天晚上，家委也第一时间把这些亲身见闻分享给其他家长。随后，各班教师对9月1日正常入园的幼儿人数进行统计，结果显示，绝大多数家长都决定，让孩子及时入园。

图3-3 一起参观教室

看到这样的结果，我们心里的一块石头也算最后落了地。能有这样的结果，说到底，是因为在这件事的全过程中，我们与家长保持着坦诚而及时的沟通，也能够换位思考，防患于未然，把家长担心的问题想在前头，做在前头，从而打消了家长的疑虑，获得家长对我们工作成效的充分赞赏，也因此让家长对幼儿园更加信任和支持。

像这次暖气改造一样，几年来，碰到棘手的工作，我们从不回避困难和问题，跟家长们打开天窗说亮话，获得他们的理解和支持。也正是在这个过程中，我们彼此的心贴得更近，彼此配合得更加默契。

冬天到了，看着孩子们在温暖的教室里快乐地生活着，我们也觉得格外欣慰，尽管想到暖气改造的过程中，许多教师都牺牲了假期休息时间，付出了艰辛的劳动，但从孩子和家长们的态度中，我们感受到的是满满的幸福。

心有大爱，不放弃一个孩子的成长

教育是一项从心出发的事业，这些年来，我们越来越真切地感受到，真诚地为孩子和家长做好服务，精心做好幼儿园的每一项工作，不仅能赢得家长和社会的口碑，而且让教师们感觉精神美好、内心纯净。

比如，每一年，我们都会不辞辛苦，通过家长调查问卷以及毕业生回园反馈活动，了解他们对幼儿园各项工作的意见，根据他们的建议认真改善幼儿园的教育管理和服务。

在家长和孩子们的反馈中，几乎无一例外地对幼儿园的伙食赞不绝口。让孩子和教师们吃得舒心、吃得健康，是我特别关心的事。在每一届的新生家长会和家委会的会议上，我都会和家长们分享幼儿园伙食的原材料购买渠道、食品制作方法和餐饮管理措施，让家长们直观感受到幼儿园在饮食安全健康上的认真与细致。（图3-4）

图3-4 一起了解幼儿园伙食

此外，幼儿园每月都会邀请家长来参加开放日活动，家长在参加活动的同时参观并品尝食堂大师傅们做的小点心。这样的亲身体验，让家长们看孩子活动的同时也吃得开心、放心。他们说，孩子送进富力桃园幼儿园可真有口福，每天都能品尝到星级大厨制作的精品菜肴。最让家长感动的是，我们还体贴入微地为一些有个别化需求的幼儿提供特殊餐食，真正考虑到每一个幼儿的需要，让他们健康成长。

这样做的根本原因，不仅是为了避免各种问题和纠纷，而是教师们已经认识到，教育本该如此，为孩子提供最需要的教育服务，把每一个孩子的成长放在心上，是职业的本分使然。

因为树立了这样的意识，许多工作不用领导要求，我们都会自觉自愿地做到最好，让家长无可挑剔，也让自己心情舒坦。无论面对什么样的幼儿和家长，我们都能够真诚地站在他们的角度考虑问题，把家长的需要变成工作的自然要求。我们也由衷希望，每一个送到我们手上的幼儿，都能在这里健康活泼地成长。

特别是，碰到那些有特殊需求和困难的幼儿，我们也和家长一样着急，总是想尽一切办法帮助他们，像一家人一样共同面对问题、克服困难，帮他们渡过难关。

几年前，园里的梦梦老师就曾碰到一个这样的特殊案例，在家长最无助的时候，梦梦老师和全园都积极行动起来，让家长和孩子重新找到了生活的希望。让我们一起来听一听这个教育故事。

有困难，我们和您在一起

2012年是我当班长的第一年，这一年让我成长了很多，许多事情都记忆犹新，特别是这样一件事情，让我每每想起来，都体会到身为教师的职业责任感。

当时，我们班有一个叫辛悦的小朋友，原本有一个幸福美满的家庭。可是，那年12月的某个早晨，我突然接到辛悦妈妈的一个电话，电话那头语气异常沉重："梦梦老师，我想辞去家委一职……"

还没等我开口说话，电话那头已经泣不成声。至今还记得辛悦妈妈跟我描述的事情经过：原来，小辛悦的爸爸前几天加完班后失足跌下楼梯，颅内出血，生命垂危。

听到这个消息，我简直不敢相信自己的耳朵，一个快乐的家庭怎么会被突如其来的不幸摧毁了呢？电话里，我还是强忍难过的心情劝辛悦妈妈安心照顾辛悦爸爸，把孩子交给我们！那天早晨，辛悦很晚才来幼儿园。孩子还小，不懂得家里发生的变故，到了班里还像往常一样开心地和小朋友们一起游戏、学习。但老师们一看到辛悦，心里都有些不是滋味。

记得，在区域活动中，小辛悦最喜欢在娃娃家玩游戏，每次他都喜欢扮演爸爸的角色，拎着老师们用纸盒子做的黑色公文包，对家中的"妈妈"和"宝宝"说："我去上班啦！"说着，穿上鞋子，拎着包就"出门"了。每次区域活动结束后的点评环节，是孩子们最喜欢的环节，他们畅所欲言，说说自己在游戏中最开心的事情。小辛悦性格活泼开朗，每次点评环节说起自己的游戏感受都滔滔不绝。他说："我喜欢当爸爸，我的爸爸最聪明最棒！他还老给我买玩具……"这就是辛悦爸爸在自己儿子眼中的形象。自从辛悦爸爸出事后,每次看到辛悦去娃娃家玩,老师们都忍不住想掉泪……

那一段时间,辛悦妈妈需要陪伴照顾丈夫,每天早晚接送辛悦的人都不固定,有时候是亲戚接送、有时候是邻居接送。

过了半个月,幼儿园放假了。一段时间没有看见辛悦和他的妈妈,心里不免有些牵挂。哪知道,貌似平静的背后,又一场噩运逼近了……

那是寒假的一天晚上,正沉浸在过年的喜悦中,爆竹声、庆祝声,声声入耳。我突然接到辛悦妈妈的电话,原本以为电话那端会传来小辛悦清脆的声音,没想到传来的却是小辛悦的噩耗,辛悦妈妈在电话里声音嘶哑地哭诉着对我说:"老师,辛悦从家里的阳台摔了下来……可能高位截瘫……我……我该怎么办?"说完,辛悦妈妈忍不住号啕大哭。拿着手机的我,愣了半天,简直不敢相信这样的噩耗。瞬间,我的眼泪流了下来,为什么接连的灾难全都降临在这个原本幸福的家庭?连一个幼小的生命都不能放过?

我哽咽着通过电话,劝辛悦妈妈不要着急,一定要挺住,也大致了解了事情的经过:寒假里,小辛悦寄居在外地的姨妈家,不慎从6楼摔下来,冲破商贩摊位的塑料顶棚,摔在一楼的水泥地上……面对这样的不幸,我的任何劝慰都显得十分无力,挂断了电话,我只感觉自责和无助,不知道该怎么帮助这个家庭,于是第一时间给园领导拨通了电话,将事情告诉了园长,园长一边安慰我,一边表示,一定会想尽办法帮助这个家庭。

新学期开园当天,园长找我谈话,园长对我说,对于小辛悦的家庭,即便帮不了太多的忙,也一定要倾尽全力,让他们感受到幼儿园的关怀。随后,经过当地医护人员的不懈努力,小辛悦脱离了生命危险,辛悦从重症监护室转入普通病房,慢慢能够简单说话。在小辛悦住院的这段日子,我和班里的一名热心家长拿着小辛悦的X光片,去了北京积水潭医院,为小辛悦寻医。医生告诉我们,孩子有希望治好。这个消息让辛悦妈妈欣喜万分,也把她从崩溃的边缘拉了回来。辛悦妈妈当即决定,让孩子转院回北京来。得知这个消息后,全园的老师们、家长们都感觉看到了希望。

得知小辛悦通过高铁绿色通道第一时间平安、顺利地到达儿童医院后,园长第一时间带领老师们去看望了小辛悦。那天,在医院病房外的走廊里,远远看见一个女人低垂着头,孤苦伶仃地坐在楼梯上,园长一眼就认出那是辛悦妈妈,赶快跑上前,辛悦妈妈憔悴的脸庞上挂满了泪水,像看到亲人一样,一下子爆发了,和园长紧紧地拥抱,声嘶力竭地大哭了起来,这个场面让所有人为之动容,一个心力交瘁的妈妈,靠着希望撑起了这个家,实在太不容易了。

由于医院那边探视有要求，我们只能短暂地看望小辛悦一会儿，躺在病床上的小辛悦，一看到园长和老师，立刻惊喜地喊道："园长妈妈，你们怎么来啦？""园长妈妈想你了，我们来看你了。"园长强装笑颜说。我们的到来让小辛悦很兴奋，但看得出，他依旧很憔悴，说话也是有气无力的，下巴处还留有一处瘀伤，胸部用支架支撑着。看着我们送来的图书和玩具，小辛悦用虚弱的声音对我们说："谢谢园长妈妈，谢谢梦梦老师。"为了不让小辛悦多说话，静心休养，我们留下图书和玩具，很快地跟他和妈妈告别了。

怎样才能帮助这个家庭，帮小辛悦减轻一些痛苦呢？回到幼儿园的第二天，我们召开了紧急会议，将小辛悦的现状告知了全园老师们。听说了小辛悦的事情后，大家都潸然泪下，希望为他做些力所能及的事。当天下午，全园进行了教职工募捐大会，为小辛悦献上爱心。此外，幼儿园还组织孩子们以班级为单位，通过义卖的形式，为小辛悦献上爱心。（图3-5、图3-6）义卖活动中，整个幼儿园被爱心笼罩着，就连小班的小朋友都纷纷慷慨解囊，拿出自己心爱的玩具、图书进行义卖，将筹到的钱贡献出来。（图3-7）最后，通过半天的义卖活动，全园的小朋友和家长们为小辛悦筹集了爱心善款108538万元。

图3-5　一起捐款　　　　　　　　图3-6　小朋友义卖活动

活动结束后，园长把老师们的捐款和义卖所得一并送到辛悦妈妈手中，辛悦妈妈激动得热泪盈眶，哽咽着说不出话来。我知道，虽然我们的这点捐助可能微不足道，但对于这个支离破碎的家庭来说，他们太需要在最绝望无助的时候有人伸出援手，送上哪怕一丁点的鼓励。当天的这一幕，也深深地感动了在场的老师和家长们。

图3-7　小朋友义卖捐款

当晚回到家里，我久久难以入睡，一直在思考着一件事情：作为幼儿园教师，传道授业，关爱每一个幼儿，是我们肩上神圣的职责。面对一个个幼小的孩子，我们需要用"爱心、耐心、细心"去呵护，让他们都能够健康快乐地成长。尤其像小辛悦这样的孩子，更需要我们倾注更多爱心，帮助他战胜病魔。

第二天一早，我找到园长妈妈，想把我的想法告诉她，还没等我开口，园长似乎明白了我的意思，给予我鼓励和赞赏的眼神。是的，我想更好地给小辛悦和他的家庭持续的帮助。园长对此给予我极大的支持，也提出了她的一些想法，希望老师们轮流探望小辛悦，给予小辛悦家最大的帮助。

全园的老师们听说了这件事，都纷纷找我"排班"，将周末探望小辛悦的时间提前定下来。这段时间里，小辛悦的病情有了新的转变，需要接受高压氧治疗，从儿童医院转至南城的一家康复医院。我们幼儿园在城北，从城北乘车至城南需要很长时间，但这也丝毫挡不住老师们关心小辛悦的急切心情。（图3-8）

图3-8 一起看望小辛悦

第一次和老师们周末去探望小辛悦，他正在进行康复训练。医护人员得知小辛悦的情况后，也对他关爱有加。小辛悦见到我们很开心，比上次见面时的精神好了很多，他对我说："梦梦老师，这个跟您一起来的老师，我也认识，她带着哥哥姐姐们在操场上玩过。"我们笑着鼓励他说："辛悦，还有许多老师都想来看你，这里还有哥哥姐姐为你画的贺卡，希望你快快好起来，回到幼儿园和小朋友们一起玩！"辛悦妈妈样子很憔悴，见到我们来，才勉强流露出一点笑容。她告诉我们，康复训练是一个长期的过程。她现在分身乏术，孩子的康复过程又需要妈妈在身边，所以她只能先陪着孩子，爸爸那边由护工和亲人陪伴。

此情此景，也坚定了我们持续来看望小辛悦的念头，虽然帮不上大忙，但至少给他们一些精神鼓励。就这样，一周一周过去了，每次探望都给小辛悦带去了快乐，这份快乐也鼓舞着我和同事们，都在心里共同祈祷着小辛悦能够尽快康复起来。我能感觉到，因为这件事情，每个人都变得更加无私和有爱心，也都在关爱小辛悦的过程中，心灵悄然间得到了净化！

随后的一年多时间，园领导、老师们都坚持周末、节假日去看望小辛悦。随着身体情况的好转，小辛悦由医院转到家中，老师们探望的次数更加多了，有时候下了班，老师们就会顺便三三两两地结伴去探望他，给他讲故事、讲道理，讲园里的各种见闻，为他加油打气。在大家的持续关怀下，小辛悦也变得开朗、乐观了很多，他告诉老师们："老师，我的病很快就会好的，到时候我要上幼儿园找大家玩。"

为了满足小辛悦的这一愿望，我们特意选在他生日那天，邀请他回幼儿园，为他筹备了一场生日会。那天，园长早早地就在幼儿园门口守候，终于把小辛悦和妈妈盼来了。进入幼儿园大门的那一刻，小辛悦特别开心，园长妈妈推着小辛悦的轮椅，和他一起往班门口走，看到楼道里的拼插玩具，小辛悦顿时来了兴趣，拿起拼插零件，小手颇为灵巧地制作起来，很快就拼插好了一个摆放着各种家具的立体的"小家"，他一边拼插，一边向我们介绍。多可爱的孩子啊，我忍不住背过身去又掉泪了。

在保安叔叔的帮助下，小辛悦来到班级里，小朋友们一看到他，纷纷跑上前去欢迎他。有的小朋友跟小辛悦握手，主动问小辛悦病好了吗？还有的小朋友激动地说："辛悦，我们都想你啦！你可来啦！"此时此刻，空气里萦绕着孩子们之间满满的爱与友情。

为了这一刻的相聚，老师和小朋友们做了充分准备，大家都知道，辛悦回来是一件太不容易的事。在老师们的引导下，小辛悦和昔日的小朋友一一问好，聪明的他还记得每个小朋友的名字。小朋友们拿出辛悦最喜欢的"逻辑狗"，和他进行思维比赛，看着小辛悦灵活地拨弄着逻辑狗模板，昔日的情景历历在目……

那天，食堂的叔叔阿姨们特意为小辛悦过生日制作了美味的蛋糕和可口的饭菜，小辛悦吃得津津有味，一个劲儿地说："幼儿园的饭菜最香啦！我还想吃！谢谢食堂的叔叔阿姨！"

看着可爱的小辛悦，看着辛悦妈妈脸上久违的笑容，我们也从心眼儿里感到高兴，只想着为他们做更多的事情。那天以后，老师们依旧风雨无阻地去探望小辛悦。在大家的关爱和鼓励下，孩子的情况慢慢地好转，这个家庭也逐渐渡过难关。辛悦的妈妈曾感激地对我说，多亏了幼儿园的老师们，让她在最艰难的时候没有放弃，重新找到了站起来的希望。

（案例由李梦提供）

这件事已经过去好几年了，但小辛悦一直是我们心底的牵挂。就像梦梦老师说的那样，对我们幼儿园老师来说，关爱每一个孩子是我们的天职。尤其是像辛悦这样的特殊儿童，如何给他力所能及的帮助，既是对我们职业良知的考验，也是净化我们精神世界的机遇。

这或许也就是教育职业的特殊性所在，它不同于其他的服务行业，不仅需要人们有专业的技能技巧，而且需要人们有一颗细腻、关爱、悲悯的心，只有这样，才能设身处地地发现孩子的需要,理解家长的感受,进而自发自愿地为孩子、为家长提供一切可能的教育和援助。也正因此,我们才能够得到家长真心的信任,在有需要的时候第一时间跟我们沟通和倾诉。这份难得的信任,大概也是为人师者独有的幸福与快乐吧!

让家长成为合伙人,需要专业引导

作为幼儿老师,我们和家长、孩子之间建立起彼此信任、和谐、融洽的关系,除了要靠我们的敬业、爱心及无私付出,更重要的是要通过我们的职业素养,我们的教育专业能力去关注家长、引导家长、帮助家长,进而建立起密切的教育同盟关系。

社会上有一种偏见,认为幼儿教师教的是年龄段最小的孩子,处在教育学段的最底层,因此幼儿教师的专业要求也是最低的,难度是最小的。怀有这种想法的人,不免对幼儿教育和幼儿教师心存轻视。

的确,在平时幼儿园的工作中,我们也会遇到这样的情况。现在大多数幼儿都是独生子女,家长难免过分呵护,也往往寄予过高期待,走进了教育误区而不自知。同时,现在的家长学历和文化程度都普遍较高,对教育的了解也更深,他们有好的教育愿望,有一定的教育理念,但又不完全理解教育,缺少科学的教育方法和技巧。这样的幼儿家长,实际上也给我们的工作提出更高要求和更大挑战。

作为幼儿教师,我们的学历层次可能没有家长高,但作为教育专业人员,我们所掌握的丰富而系统的幼儿教育专业知识与实践技巧,恰恰都是家长所或缺的,这也正是家园合作的必要前提。我们希望通过与家长的沟通和相关的教育服务,向家长传播科学育儿的知识、方法,有的放矢地为家长解决在教育幼儿过程中遇到的难题,为他们出谋划策,提出建议,帮助家长提高科学育儿的水平。

但是,由于双方的文化背景、教育素养的不同,教育观念、态度与教育方式不尽一致,对幼儿出现问题的认识、理解也会不同,两者在沟通过程中往往会出现一些障碍。面对这种情况,我们总是尽可能地主动调适自己,用真诚的态度赢得家长的信任,用科学的方法让家长乐意接受,不断引导家长成为幼儿教育的合伙人。比如下面老师碰到的这个案例就非常典型。

小小成长记

小小今年4岁,是我们班一个看起来和别人不太一样的小朋友,他喜欢数学,甚至超过他这个年纪认知水平的数学知识对他来说都很简单;他喜欢音乐,节奏感很强;他喜欢每天都重复着做事情,幼儿园每天的生活对他来说好像就是复制粘贴的模式。小小在户外时总是要牵着老师的衣角,如果没有牵到就会躺在地上打滚；集体活动时，他总是和小朋友的座位保持一定距离；区域活动时，他什么玩具都不玩，只是在教室里看着别的小朋友玩；在生活方面，他洗手后从来不用幼儿园的毛巾，吃饭也要用从家里拿来的练习筷；别人与他沟通时，他不对视；几乎不和小朋友交往……

发现小小的这些问题后，我和一起带班的冰冰老师沟通、交流，并查阅大量资料，觉得小小可能有轻微自闭的倾向。我们也知道，自闭症的确诊需要一系列专业的测试和量表评估，不能轻易给孩子贴上自闭症的标签。因此，如何对小小的行为进行指导，让其他小朋友认同小小的行为，以及如何与小小妈妈沟通，就成了很棘手的问题。

经过慎重思考，我和小小妈妈做了一次深入的沟通，试探性地与她交流小小在家和在幼儿园的表现。通过沟通得知，小小妈妈已经发现，小小入园这一年多时间与其他小朋友有很大差异，适应环境的过程很慢，也不太愿意和其他小朋友交往，再结合小小在班级的表现情况，我建议她带小小去做一次专业的测试。

听我这么说，小小妈妈的眼神里流露出一丝惊讶与质疑，我能读懂她，我的孩子怎么了？为什么是这样的？老师的话可信吗？同时也很理解当妈妈的心情，从一个孩子出生到他长到四五岁，妈妈的付出无人能及，当得知自己的孩子有可能患病，心情肯定是非常焦虑和无助的。我拿出一本《地板时光》给小小妈妈看，同时安慰她可以做一个测试，如果排除了我们的推测，那大家都放心啦。

我想那一晚，小小妈妈肯定度过了一个无眠的夜晚……过了一天，小小妈妈接受了我的建议，带小小到医院做了专业的测试评估，诊断结果为阿斯伯格综合征。对小小妈妈来说，虽然事先已经有心理准备，但这个结果仍让她几近崩溃。

得知情况后，我也很难过。同时，我想，面对小小，作为教师我能给予他什么？保护好小小的病情是我们首先要做的。作为班长，我马上组织班里其他两位老师开会进行讨论，我们三人一致认为，不要和班里其他小朋友说小小的病情，要在一日生活中尽量帮助小小融入集体，引导班级小朋友多和小小接触、交流。小小的个子比较矮，我们可以说，因为小小年龄比较小，我们要多关心他多帮助他。同时，要打心底里理解小小妈妈，在其他家长面前保护小小的"秘密"。

过去，小小不愿意与小朋友有身体接触，甚至小朋友叫他的名字，他都躺在地上发脾气。针对这种情况，为了让小小能够试着融入集体，我们在过渡环节开展了自我介绍和找朋友的游戏，当别的小朋友在自我介绍时，我发现小小听得很认真。我有意识地问小小喜欢班里哪个小朋友，小小不说话，用手指指沐沐，于是我引导沐沐叫小小的名字，小小听到后居然没有发脾气。看来，他对自己喜欢的人还是愿意亲近的，但是一些想主动和小小做朋友的小伙伴叫他的名字时，他还是会抗拒倒地发脾气。

不过，随着我们有针对性的引导，通过自我介绍和找朋友的游戏，经过大约半年多时间，小小的状况得到了很大的改善。

同时，每天晚离园环节，我都会抽出一段时间与小小妈妈进行沟通，小小今天在幼儿园的表现如何，哪方面进步了，哪方面还需要我们多观察、引导……我们也会在班里多给小小拍一些照片或视频发给小小的妈妈，并让她把小小在家时的照片和视频发给老师，让我们彼此都能直面小小的成长进步与问题所在。我们专门为小小准备了一个每日交流的小本，老师、小小妈妈每天都会记录下小小一天的表现情况，并设立奖励机制，来激励小小控制自己的行为与情绪。

随着小小的成长，我们发现他的问题虽然在逐步解决，但随之又出现了一些新问题，比如，小小以前发脾气时躺在地上大叫，现在慢慢变成了去打别人。通过大量阅读资料我们得知，6岁以前是干预阿斯伯格综合征的最佳时期，这也让我们和家长越来越意识到，小小的问题需要更加专业的特教老师进行干预指导。

在我们的建议下，小小妈妈找到了一家比较专业地进行融合教育的社会教育机构，小小每天下午睡醒午觉后离开幼儿园，去融合教育机构接受专业的干预。同时，我也总是与专业老师保持联系，对于小小在幼儿园发生的状况，与那里的老师进行沟通如何去处理。

就这样，日复一日，我们的沟通小本写了整整两本，与小小妈妈、专业老师的微信聊天记录也不下几十篇。一年后，小小逐渐有了变化，他慢慢学会和一两个要好的同伴一起玩拼插玩具，而不再是在一旁默默看着；在户外的时候他学会走在队伍里而不是牵着老师的衣角，可以和要好的同伴拥抱，可以接受其他小朋友叫他的名字……甚至在新年音乐会上，可以和全班小朋友一起合作表演音乐剧，当小小站在舞台的中央面对台下百名家长，镇定自信地表演时，我与小小的妈妈在台下一同落泪了，我们看到了一个不一样的小小。

我知道，虽然小小在成长的过程中，还会有一些新的问题、新的变化，但我想：只要家园、家校之间积极地携起手来，真诚交流，有效沟通，密切配合，小小一定会更为幸福快乐地成长。

（案例由穆梦提供）

可以看得出，在这个真实的案例里，有心的教师加上善解人意的家长，最终让小小获得了突破性的进步和成长。教师每一次的沟通和记录，对于家长来说都是进一步了解小小现状的素材和资料；小小每一次点滴的成长和进步，对于家长和教师来说都是百感交集。面对这样的孩子，我们的教师常常像对待自己的孩子一样，敞开心扉，用细腻的观察、科学的态度和真诚的交流，让家长从开始的迟疑态度到后面的支持配合。这份沟通源于教师对孩子的爱。

其实，如今幼儿园里年轻教师居多，好多教师尚没有为人父母的角色体验，有的即便已经做了母亲，在和家长沟通时，常常也会遇到一些矛盾和冲突。这时候，我们总是要求教师能够换位思考，从父母的角色去体会家长的心情和需要。比如，孩子在集体活动中难免会有磕碰，看到这种情况，家长肯定会心疼，这时候，教师就不能表现出若无其事的样子，认为家长大惊小怪，而是要能够从孩子父母的角度出发去心疼爱护孩子，或是换个角度想一想，如果受伤的是自己的孩子，该怎么办呢。这样就会很自然地理解家长的心情，处事态度也会大不相同，不会给家园沟通造成障碍。

总之，和家长沟通交流是一门艺术，它需要教师从家长的角度出发，把握好家长的心理，因人而异，对症下药，既要有专业的技巧，又要有一颗热爱和真诚的心，从而让专业化的教育服务于沟通交流中，达到事半功倍的效果，建立起其乐融融的家园关系。

第四章　专业研修让家园共育更有质量

在富力桃园幼儿园，"润"文化是我们的办园核心理念，它时刻启示我们，教育要有"上善若水"的品格，像水一样"利万物而不争"，无声地滋润着每一个幼儿的心田。

在这样的文化理念影响下，我们的家园共育也变得格外和谐。教师们用温润如水的教育感染着家长，家园之间如水一般自然融洽，大家凝心聚力，通力合作，演绎出一个又一个平凡而又让人感怀的美好故事。在园所的各种活动中，教师们用默默地诚挚付出，得到了社区家长们高度的认可，这份认可被家长们广而传之，就成为社会各方面给我们的口碑。每每得到这样的认可，都让我们感受到自我价值被肯定的满足与骄傲。

图4-1　有爱的大家庭

追根溯源，家园工作中取得的成绩，都归根于我们对教师专业发展的重视。教师专业研修是富力桃园幼儿园教育品质保障的基石，也是凝聚和激励教职员工共同奋进的力量。家园共育是专业研修的内容，教师在研修中变得更有智慧、更有耐心，让家园之间变得更顺畅、更密切，也切实尝到了专业研修的甜头。

"润"文化下的教师研修，筑家园工作基石

打造一支热爱学习、善于研究的幼儿教师团队，始终是我们的重要办园目标。我们结合自己在生活、学习与工作中的历练，通过专业研修既积累了丰厚的生活感悟，提高了审美情趣，也升华了自己的教育素养，学会以先进的教育理念观察、支持、指导幼儿的发展，让师爱变得更理性、更科学，让家长更放心。

图4-2 深度学习

我们的浸润学习坚持不断。无论多忙多累，我们的学习活动始终没有间断过。比如说，党的十九大召开后，富力桃园幼儿园随即掀起学习、宣传、贯彻十九大精神的热潮。为了更加深入学习、贯彻党的十九大精神，党支部组织开展了一系列丰富多彩的活动，教职工进行了"党的十九大精神应知应会在线竞赛答题"活动。教师平时工作忙，白天带孩子，晚上回家备课，微信平台答题方式灵活，解决了一线教师没有统一时间学习的难题。同时，我们开展"两学一做"的实践活动，园党支部邀请西三旗学区管理中心党总支委员马海龙同志走进幼儿园，给教师们讲授主题党课，让教师们在思想上时刻与党保持一致，真正"不忘初心办教育，牢记使命润新苗"，我们真学实做，互相关心，互相提点，让思想更先进，让心灵更靠近。

园所的管理力求温润有爱。园领导以身作则，以精益求精的工作精神、宽厚仁爱的处事方式和热爱生活的态度，潜移默化地影响着教师们。平时，园领导关注教师们工作与生活的点滴，以教师们需要的方式真诚相待，促进教师们的自主成长。正所谓，"上行而下效"。在幼儿的教育中，教师们也一贯而至地把"润"文化的特质传递到孩子们身上，付出真心、真爱、真诚，"处处以境浸润，事事尽心养润，时时用爱滋润"，时时刻刻、事事处处，以爱、用心在孩子们生活与学习的每一个细节、每一处环境，关注他们的心灵，关注他们内心最真实的需要，以"大爱无言"的教育影响着孩子，为孩子们种下美与爱的种子，促进他们形成良好的性格、生活习惯和学习习惯，逐渐变得自立、自主、自信，为他们幸福快乐的一生奠定基础。（图4-3）

图4-3 游戏活动

联结教师学习和园所管理的润心工作室这些年也成绩斐然。润心工作室，是在"润"文化统领下成立的落实办园理念的教师研修共同体，定期组织活动，围绕幼儿园不同阶段的工作重点和教育理念，组织教师们进行研修实践学习。

初始，其针对的是年轻容易困惑的教师和每班的行为有偏差的幼儿。在教师这方面，我们通过谈话、心理测试、答疑热线、家属见面会等来拉近彼此的距离（图4-4）；在孩子这方面，我们通过家长访谈、行为干预等措施来矫正幼儿行为，促进幼儿身心健康发展。从缺乏经验，到逐步积累经验，润心工作室自开办以来通过各种措施逐步成长起来——撰写观察记录、教育活动分享、积极寻找机会外出学习、诚邀专家入园指导，渐渐地，润心工作开始有了"润"物之声。

图4-4　园长与职工家属见面

润心工作室成员的专业素质节节提升，成员们在园领导的关注和引导下，获得了宝贵的外出学习机会。吕雪娇、简燕、刘天天等教师被先后派去参加了海淀区融合教育的培训学习，学习了国内外专家的研究成果，如日本裴虹博士的《自闭症学生社会交往支持策略》、浙江工业大学徐云教授的《辅助技术在综合教育中的应用》、陕西师范大学兰继军教授的《研学旅行——随班就读学生人际交往能力培养》，此外还和北京市儿童行为矫正初见成果的几所学校进行交流，如北京大学附属小学的《ABA技术改善小学生拖沓行为的个案研究》、海淀区永泰小学刘京丽校长的《学校本位融合教育的实践》，另外还和国内外专家一起就特殊幼儿的教育进行探讨。

幼儿的个体差异，也在个别指导中得到改良改善。教师的提升，映射到孩子们身上的，就是他们的变化与成长。像小二班的西西小朋友，刚来幼儿园的时候不会交流，抢玩具，沉迷于看书，不参加集体活动，进餐只吃米饭，但是现在他进餐基本正常，而且知道了和其他小朋友商量，也能在教师的提醒下参加集体活动。

针对中班的两名幼儿冬冬和霄霄，润心工作室制订了"个别重点矫正计划"，采取专家引领、家园共同指导、实施教育活动等措施来进行行为矫正。例如，针对冬冬不会打招呼的问题，我们剖析了原因，并由吕雪娇老师设计实施了专门的教育活动"和数字宝宝打招呼"。此次教育活动，我们从冬冬感兴趣的数字入手，及时地纠正了冬冬错误的打招呼现象。还有，对于霄霄情绪极不稳定的现象，我们聘请了毕业于北京师范大学的专业心理辅导教师赵老师来进行指导，参与家长访谈和问题分析，缓解霄霄情绪不稳定现象。对于班级个性差异大的幼儿，润心工作室在建立之初就为每位幼儿建立了追踪档案，将幼儿存在的问题、问题分析以及后续的改变都及时记录到档案里。这不仅是对幼儿本身负责，对于幼儿行为矫正更具有研究意义。

生活是靠我们自己把握的。我们面临的是保教工作，与我们整天打交道的是天真的孩子、烦琐的事物，有时也会感觉太平凡、乏味。这时我们需要有乐观积极的心态，从这些琐碎的事情中去寻找快乐。从这些角度来看，润心工作室不仅提升了教师的专业素养，而且培养了教师对教育、对儿童的情感，让教师时刻精神满满，以良好心态迎来孩子们的精彩绽放。美丽的桃园绽放着孩子们快乐、纯真、美好的童年；孩子们拥有良好的性格、生活习惯、学习习惯，亲和世界、亲和宇宙，为未来的美丽人生奠定了基础。

就这样，多年来，以润心工作室为平台，我们以艺术之美润养情怀，滋养发现美、感受美、创造美的心灵。在这里，每个人感受到的是相互的关注、关爱与关心，体验的是家一样的温暖，在这种和谐、融洽的氛围下，每一位教师都是幸福的桃花，健康快乐、自主自信地发展着；每一位家长都自发地成为桃园的主人，为这个家的发展献计献策；每一位教师都为这个家的发展而努力工作，乐于为这个家付出而毫无怨言。

分层分级的专业引领，积淀家园工作力量

提升教师专业素养，是当今国际教师教育的新趋向。在富力桃园这个有爱的团队中，我们每一个建设者情润园舍草木，爱洒教育田园。建园以来，孩子们像蒲公英的种子一样，飘向更广阔的天地。我们幸福地见证着孩子们的成长，同时也与孩子们共同快乐地成长，从而让这座家园共育的桥梁更加稳固。

可以说，不断成长，就是我们对自身职业的一份庄严承诺。幼儿教师是儿童生活

的指导者，是家长的合作者，是幼儿教育的社会宣传员，必须与儿童共同成长。身负多重角色的幼儿教师如果没有必备的专业素养，怎么能顺应社会发展的需求，履行好这些角色应担负的使命呢？

我们着眼于幼儿教育的职业特点，也结合本园教师的成长需求，创造性地实施了一系列优化幼儿教师专业化成长的策略。

每一天，在富力桃园幼儿园，一项雷打不动的迎接仪式都会在园门口、大厅里进行。教师们面带真诚的笑容，迎接每一个入园的孩子。对开心入园的孩子来说，教师的微笑是锦上添花；对搂着妈妈脖子不肯撒手的孩子来说，教师的微笑像阳光，会融化孩子心里的冰雪。笑容是每天教师们给孩子们的第一份礼物，也是对幼儿和家长最有效的承诺。

作为幼儿教师，微笑是一个重要的教育手段，常常收到意想不到的奇特效果。心理学研究表明，教师经常把笑容挂在脸上，孩子们会对教师心怀好感，极愿亲近，自然而然形成一股内在的亲师感，进而愿意听从教师的教导。教师的言行也会感染幼儿，让幼儿不自觉地模仿，学会面带微笑，这非常有助于幼儿社交能力的发展。

在微笑的背后，是教师们对每一个幼儿一视同仁的尊重。孩子们年龄小，自我控制能力差，"欢喜冤家"随处可见，在矛盾冲突面前，教师不是灭火器，也不会视而不见，而是微笑着走过去、蹲下来，平心静气地听孩子倾诉，与孩子共情，引导孩子们自己解决问题。如果我们总是站着面对孩子，不是俯下身去给予理解和尊重，我们与孩子的距离就不仅是身高上的几十厘米，而是两代人之间深深的鸿沟。蹲下来倾听，是对孩子莫大的关心与理解，也是真正意义上的尊重。教师也应引导家长创造良好的生活氛围，学会与幼儿相处。

更重要的是，对于不同成长阶段的教师，幼儿园都制订了非常有效的专业成长策略，让每一位教师的发展都得到充分关注，在成长过程中都能感受到幼儿园的关怀与扶持。

刚毕业的教师，进入幼儿园后拿到的第一本书就是《新教师成长手册》。初入教坛的新教师，角色的改变让他们产生困惑和焦虑。对这个阶段的教师来说，外部支持必不可少，特别需要注重个别化的现场指导。为此，园所教学管理团队和专门为他们配备的有经验的搭班老教师随时予以现场帮助、辅导督促，提供具体的工作程序及方法指导。同时，精神上的鼓励也很重要，及时了解新教师的工作状况及情绪心理，对微小的进步及时给予肯定，遇到问题、挫折不是一味责备，而是要加以安慰，帮助他们尽快适应教师角色，并且让他们在班级中逐渐承担工作，帮助他们将班级工作开展得更加安全、有序，从而缓解家长们心中对新教师的顾虑。

对于从教一两年的教师，教师职业生涯规划是每个学期必做的一项工作。只有了解自己的优点与弱点，才会不断成长与进步。幼儿园推出了"青蓝计划"，顾名思义，青出于蓝而胜于蓝，希望新教师能够吸取老教师身上的优点，了解自己的优点与不足，确定自己的发展方向,从而绽放光彩。我们以"师带徒"的形式开展了互帮互助的学习小组,取长补短,共同进步。此外,每月的基本功考核、教师集体教研、优质公开课等,都是教师非常好的学习机会。(图4-5)

下面是一位教师在教研活动中的心理历程。

图4-5 教师集体教研

  二十分钟的视频,足足看了半天,暂停播放键按下了无数遍,只为记下关键提问。虽然每个人的教案都被满满的备注遮盖,变得凌乱不堪,但是我们对于活动重点的把握却是愈加清晰。华灯初上,教室的灯依然亮着,老师们并没有急着回家,新教师们在班长以及教研组长面前大胆进行试讲,老教师们也利用自己的经验积极提出宝贵建议……

  这个时候,温暖涌上心头。谢谢大家创造了这样轻松的、积极的学习氛围,此时的我无比欣慰。是的,老教师们的奉献精神让我感动,他们毫无保留地把自己总结的精华传授给新教师,新教师也求知若渴。这一切都让我感受到,我们的桃园是一个团结的、优秀的大家庭,一位新教师在教研后说,我感觉我们是站在"巨人的肩膀"上看世界。其实,我更想把老教师们比喻为成长路上的台阶,我相信,有了他们一步一步的支持,我一定能稳步前进!

(案例由吴雪婧提供)

教师工作三五年以后,对教育常规工作基本胜任,有了一定的综合组织教育活动的能力,班级管理也较为顺畅。他们往往不满于现状,愿意尝试新的教学方法。为满足这个阶段教师的专业发展需求,园内与其他园所的教师群体结成共同体,一起开展教研活动,一起听专业讲座,观摩其他园所同行的教学状况,由此也增强他们对职业价值的认同和群体凝聚力,实现共同成长。(图4-6)

2018年夏天,北京市举行中小学教育演讲比赛。为提升教师队伍的教学基本功和专业水平,展示桃园幼教

图4-6 教师观摩学习

人积极、阳光的面貌和满满的正能量，园领导对这项活动非常支持。党支部和工会设计了"桃园里的演说家"活动，组织全园教师参与，教师们围绕传承优秀传统文化、发扬工匠精神、立德树人等内容自命主题，结合自身教育经历，用动人的故事，朴实的语言、真挚的情感，诠释着桃园幼教人对幼儿教育的理解，最后选出三名优秀教师代表幼儿园、海淀区参加全市比赛。

准备比赛的过程中，海淀区教育工会、区教委学前科和西三旗学区领导等都全力支持，多次组织专业培训和专家一对一辅导，帮助教师们从遣词造句到文章结构，从演讲技巧到比赛心态，细细打磨。参赛教师和全园同事也都全情投入，用踏实、勤奋的专业精神参与每一次培训、每一场比赛，用精彩的表现回报了各方的关爱。

对于工作五年以上、逐渐步入成熟期的教师，园里也适时提出更高的专业要求和成长期望，发挥他们的骨干作用，引领和鼓励他们去探索较深层次的教育问题，并最大化发挥他们在园所里的教育引领作用和辐射作用。

2017年11月，作为全国学科教学知识（PCK）数学课题组实验园，我园面向全国各地众多园长和幼教同行，在全国的学前教育论坛上做数学领域教师专业成长路径的微报告，分享我园关注数学核心经验、关注幼儿发展视角以及我园教师"以匠人之心，琢童真之梦"的理念与智慧。

在论坛上，我园的范丽娟老师展示了一节大班数学集体活动，让孩子们与数学游戏零距离贴近，让核心经验点亮了幼儿数学游戏。在经验交流环节中，我基于数学文化建设和课题研究状况，分享了我园教师在数学领域专业成长路径上的四个专业嬗变阶段——"接触核心经验，像雨像雾又像风的模糊阶段""了解核心经验，高岭之花的摸索阶段""研磨核心经验，似火骄阳的研究阶段""应用核心经验，春暖花开，渐入佳境的践行阶段"，形象而又诗意地展示了教师的专业成长路径，从中也体现了我园教师在理解幼儿、支持幼儿、发展幼儿中挑战自我、探索教改，努力将数学活动生活化、简单化、游戏化的追求。

近年来，像这样的专业发展活动在我园还有许多，无一不是给教师们提供了成长的机会与展示的平台，也给教师们创设了更多发挥才智、彰显价值的时空。一路走来，教师们成长更专业，学习见成效，努力有收获，在不断体验成功的同时踏上了成长的快车道。教师的成长也让家园共育的桥梁逐渐变为双向高速通道，家园双向努力，形成双向合力，让我们的孩子全面发展、健康成长。

科学全面的家长约谈研学，促家园工作更有实效

家园共育离不开家长和教师的沟通与合作，而最直接有效的方式就是面对面沟通

交流。自建园起，我们就非常重视家长约谈工作，通常情况下，我们会选择一个双方都合适的时间，在幼儿园较安静的会议室内进行约谈，约谈的内容是幼儿近期成长和发展中的主要问题，约谈时间通常在30~60分钟。教师通过与家长的近距离接触，抓住面对面互动的最佳时期，与家长达成教育共识和情感共融。

家长约谈是了解幼儿情况、取得家长信任、获得家长配合的有效方式。但是，家长约谈可不是一件简单的事情。它既考验教师的专业素养和能力，也要求教师有着极强的沟通技巧和共情能力，还要经过教师的精心准备，需要教师认真对待，否则很难达到预期的效果，甚至会适得其反。

比如，有这样一次家长约谈，就因为教师经验不足，没有与家长形成有效的沟通，最终没有实现家园共育的预期效果。

那是一次晚离园后的家长约谈，孩子们都接走后，年轻的小菲老师和女孩宁宁的妈妈，在幼儿园小会议室里见面约谈。事情的起因是这样的，那天白天，宁宁把小朋友嘟嘟的手抓破了，怕被老师批评，她又把自己的手也抓破了。

你看，孩子的心思可真费琢磨。5岁的小女孩宁宁活泼、好动，规则意识薄弱，而平时来接送她的都是姥姥，小菲老师觉得，正好借这件事和宁宁的父母进行一次沟通。

来园刚两年的小菲老师，工作很有激情，但在工作方法和沟通技巧上有所欠缺，她先是详细地向宁宁妈妈叙述了白天事情的经过，宁宁妈妈表示，回家一定批评孩子，又说自己平时工作忙，主要是孩子爸爸太溺爱，孩子每次犯错只要一哭闹，爸爸心一软就放松管教了。

听宁宁妈妈这么说，小菲老师接过话头，建议宁宁妈妈要和爸爸做好配合，在家庭教育中保持一致，随后趁此机会，又说起宁宁在幼儿园的其他调皮表现，宁宁妈妈忙不迭地向老师道歉，表示回去一定好好教育宁宁。

对宁宁妈妈的态度，小菲老师很满意，双方寒暄几句，宁宁妈妈又问了几句孩子在园的吃饭睡觉情况，谈话就结束了。问题是，第二天，宁宁来到幼儿园虽然向嘟嘟道了歉，但当小菲老师说，以后千万不要把自己抓伤时，宁宁却矢口否认。小菲老师挺生气，觉得是约谈不深，决定再次找她的爸爸妈妈聊聊。

（案例由陈凯鑫提供）

案例中的小菲老师，年轻有热情，工作也不可谓不认真，但是因为对儿童理解不深，既没有明确的约谈主旨，也没有好的沟通方法，结果，约谈成了"一边倒"的训诫，双方缺乏深入沟通，更没有找到宁宁行为的动因，这样的约谈费心费时，效果也不佳。

说到底，家长约谈需要有专业技巧和科学的方法，为此，我们把家长约谈当成专业研修的重要内容，通过一个个的家长约谈案例，反复研磨，分析问题所在，找到有效方法，以此提升教师的专业能力。

家长约谈其实是教师在和家长面对面的互动交流过程中，用专业的语言描述幼儿情况，从专业的角度分析幼儿情况，用专业的方法解决幼儿问题。其中，重要的是"专业"二字。

为解决像案例中的年轻教师专业能力缺乏的问题，更好地提高教师家园共育能力，我们积极组织教师们进行案例研讨，反思学习并记录在案，要求进行家长约谈的教师必须具备这样一些相应的能力。（图4-7）

图4-7 教师案例研讨

第一，观察和了解幼儿的能力。案例中的小菲老师对宁宁的观察更多集中在宁宁出现的问题上，如和同伴间的冲突、破坏班级物品等，在和宁宁妈妈沟通时也多强调这些内容，直接导致家长有一种"被告状"的感觉。而对家长来说，他们往往更希望在沟通中获取孩子在园的健康情况和家园配合的方法等。在这次访谈中，家长的需求没有得到满足。幼儿是家长和教师联系的纽带，教师在和家长沟通前要对幼儿进行充分观察和了解，掌握其"健康""认知""语言""同伴交往"等情况，这样才能跟家长充分、全面共情，找到双方共同的关切点。

第二，解读家长的能力。一百个孩子有一百种语言，也会有一百种家长，教师不仅要了解孩子，也要了解家长。案例中的宁宁妈妈在和教师沟通时属于被动接受型的家长，并没有主动说出宁宁在家的情况，小菲老师也没有意识到和家长之间的不平衡关系，导致本该"双向沟通合作"的约谈演变为"传达指令—表面听从"的说教。原因在于教师对家长解读不够。解读家长，既要了解家长的类型，选择适合的沟通方式；又要识别家长的互动意图，善于倾听和换位思考，双方积极互动，避免让约谈变成教师的独角戏。

第三，与家长沟通的能力。教师尤其是新教师，在和家长沟通时要能站在对方的角度考虑问题，注意沟通技巧，力求产生最好的沟通效果。案例中的小菲老师，采用集中反馈的方式和宁宁妈妈沟通宁宁最近出现的种种问题，这是一种缺乏沟通技巧的表现，很容易导致宁宁妈妈出现反感、排斥等情绪，难以做出支持性行动。沟通形式除了口头或书面方式外，互动式游戏、故事、观摩等多种形式，也可以起到沟通的作用。这些能力和技巧需要教师长期的总结和积累。

第四，解决家长问题的能力。教师作为专业从业者，在与家长沟通时必须体现出自身的专业性，面对家长的问题和困惑，不仅要向家长说明"是什么"，还要帮助家长理解"为什么"，告诉家长"怎么办"，要避免表面的、形式化的互动，开展有广度和深度的互动。比如，针对宁宁和同伴发生冲突后伤害自己的行为，教师要和家长一起分析原因，寻找解决策略，进而结合宁宁在家的表现及父母的教育理念和教育方式，一起来帮助宁宁解决这个问题。

就像这样，把家长约谈这样的重要教育环节，当成专业研修的契机，既提升了教师的专业素养，也培养了大家认真、细致对待每一项工作的习惯。在富力桃园幼儿园，不管是什么阶段的教师，我们都通过诸如此类的专业支持举措，帮他们解决工作中的实际问题，在实践中促进教师的专业成长。在这个过程中，教师不仅慢慢理解了幼儿，学会更好地去接纳、理解和赏识幼儿，也学会了与家长打交道的方法艺术，在和谐的人际交往关系中发展幼儿、成长自己。

不离不弃的新教师培养，为家园工作注入新血液

在家园工作中，如何发挥年轻教师的作用，让这些"年轻血液"的注入为幼儿园带来新的活力，为家园共育提供新的智慧与灵感是我们一直非常重视的。

从大学毕业的这些新教师，带着学校所学的专业知识，带着对幼教事业的热情踏上工作岗位，大都表现出认真积极的态度和吃苦耐劳的精神。不过，由于诸多原因，新教师在与家长沟通时常会产生一些问题和困惑。他们人生阅历尚浅，在与家长打交道时难免有些不自信，也难以很快获得家长的信任，偶尔碰到一些与家长的沟通挫折，又进一步加重了他们的无力感和挫败感。

面对这种情况,新教师究竟该怎么办呢?性格稍内向的新教师,对此选择的办法是逃避,凡是遇到需要与家长联系的事情,就会选择退缩,或者干脆丢下一句:"您还是问班长吧,我不清楚。"似乎与家长打交道只是主班教师的责任,他们为此也给自己开脱:"我做好本职工作就可以了呀。"把家长工作当成分外的事。而更多的新教师,因为缺乏处事经验和应变能力,在家长工作中可能会处理不当而引起家长误解,好心办坏事。他们看到孩子的缺点就气急败坏,遇到突发事件就手忙脚乱,遭遇家长的诘难就束手无策,与家长的交流中只是就事论事,缺乏必要的情感互动,从而影响交流的频率和效果。

沟通策略是一门学问。新教师在家长工作中的技能技巧欠缺,导致不注意方式、方法,不区分家长特点类型,态度直率、表达直白,使部分家长感觉"下不了台"或"难以接受"。这样不但起不到沟通的作用,反而会造成不必要的误会。

诸如此类的问题,我们总能从新教师身上发现,这也使我们越来越意识到,一定要给予必要的专业支持,帮助新教师走好入职的第一步,教会他们自信、自如地与家长打交道,让家园共育成为其工作的助推力。

年轻教师性格、阅历、习惯各异,不能让他们像"盲人骑瞎马"一样乱闯乱撞,而是要及时地为他们提供人性化的专业成长服务,教给他们解决问题的智慧和方法。

从阅读中寻找智慧和方法,是我们引领年轻教师成长的第一步。我们设计了"书香润桃园,悦读乐精彩"图书沙龙活动,鼓励年轻教师把阅读当成良好的工作习惯之一。图书沙龙的要求是:教师可以自己买书,也可以到幼儿园资料室借阅图书,或者节假日到周围的书店和图书馆读书。参加图书沙龙的教师,每天至少阅读30分钟,以照片形式打卡记录每天阅读的点滴。每天按时打卡的教师将获得小礼品一份。(图4-8)

图4-8 图书沙龙活动

我们发出图书沙龙的倡议书,教师们纷纷积极响应,一段时间后,我们欣慰地看到,幼儿园里无处没有读书人群,到处都有琅琅书声。园领导很高兴,购置了大量的图书资料,助力教师阅读。

慢慢地,"阅读"成了教师们工作中的一种习惯,大家在且读且思,且思且行中汲取他人经验,完善、成就自我,也言传身教地将热爱读书的种子播进孩子们的心里。

经过充分的阅读积淀,教师们不由自主地就会用阅读收获去审视自己的工作,触发了许多对幼儿教育理念的思考,让工作向专业化的方向提升。

在学习中思考家园共育的中心点,是我们引领年轻教师成长的第二步。我们会去思考:在幼儿园里,究竟谁最重要,是幼儿、教师,还是家长?我们思考的答案是,幼儿教育的中心应该是孩子的发展。幼儿园的工作不能一味地迎合家长的意愿,要让家长满意,同

图4-9 教师交流讨论家长工作

时又要引领家长,共同以科学合理的教育理念促进幼儿发展,我们要为幼儿的成长负责!

利用多元化的沟通媒介开展家庭教育,是我们引领年轻教师成长的第三步。目的明确了,我们的工作方式自然也就清楚了。为了引领家长,我们必须利用好一切沟通契机——早晚离园、QQ群、微信群、电话沟通、面对面约谈等,通过这些媒介有效引导家长开展有效、正确的家庭教育。

也因此,面对偶尔的教育无力感,我们别无选择,只能不断加强自身的再教育,以良好的修养和能力赢得家长的信任。

在富力桃园幼儿园,我们把家长工作能力的培养纳入教师的发展体系。润心工作室、人事部门、保健部门与前勤教师通力协作,互相督导,既保障教师更好地处理与家长之间的关系,也能给予家长幼儿教育方面必要的专业指导。

一系列的措施落地有声,教师们也逐渐从中尝到了甜头,他们变得有方法了,有智慧了,跟家长沟通交流也有底气了,有许多都成了家长眼里可信赖的家教专家。一到年终总结,不少教师都会深有感触地回顾自己在家园共育上的成长,对幼儿园的支持满怀感恩。来听听年轻教师王雪怎么说。

不知不觉,我已经在幼儿园度过了三年,孩子们在这里的欢笑、成长,回想起来历历在目。年年盛夏毕业时的感动、不舍,都是时间年轮留下的最幸福的印记。

三年前,懵懂青涩的我走出校门来到这里,与园长妈妈的谈话至今依然记忆犹新。面对园长妈妈的询问:"保育员的工作非常脏和累,你可以吗?"在那充满鼓励的目光注视下,我不假思索地回答:"我可以。"回顾三年的时光,正是那一句"我可以",让我在每次想要退缩和懈怠时都成为我前进的动力。

在这三年的美好时光里,桃园的"润"文化不仅滋润着孩子们,而且滋润着我,园长妈妈的高位引领、保教老师一次次实用的一线指导、诸多前辈老师们的帮助,都像指引我前进的明灯,每时每刻都激励着我成为一位孩子喜欢、家长信

任的专业老师。

担任配班教师期间,每天离园时间与家长的沟通让我倍感珍惜,在交流中也让我更了解家长的需要,不断积累经验。随后,我也成了一位班长,得知这个消息,我的内心五味杂陈,有说不清的小忐忑。我知道,幼儿园所在的小区多数家长的眼界和学识都非我能及,我多少有些不自信,也担心辜负家长的厚望,因此对离园后的家长约谈有些恐惧和担心。但很快,我的顾虑被打消了,园长、保教老师和其他热心的班长们一直站在我身后,指导我如何开展家园工作,他们经常牺牲休息时间,不厌其烦地将多年的经验传授给我。我可不能让他们失望,我努力地充实自己,阅读大量的书籍,每天进行图书打卡,丰富自己的专业知识。每次家长约谈前,我都将学到的相关知识及方法建议摘抄到约谈本上,对孩子的情况也做好功课,有备而来地与家长进行沟通,虽然每天下班后都会用很长时间来消化这些知识,但是我乐此不疲,因为每天都有收获。慢慢地,我摸索出了很多适合自己的沟通方式,也尝到了工作带来的惊喜。

还记得,我约谈的第一位妈妈非常年轻,孩子年龄也比较小。在交流过程中,她不断表现出对孩子成长与发展的焦虑,看着愁眉不展的家长,经验不足的我也捏了把汗,我知道这样的家长需要的是有效的教育方法。在安抚她平静下来后,我开始利用自己所学,针对孩子出现的问题逐一提出教育建议。第一次约谈顺利结束,家长连连道谢,这也让我倍感欣喜。身在这样一个温暖的团队里,我收获了更好的自己。

一次约谈时,家长随身带了一个小本子放在桌上,看我有些不解,他连忙解释:"老师您别误会,听咱班其他家长说,和您约谈受益匪浅,我想和您多学习一些教育孩子的方法。孩子进入这么优质的幼儿园、遇到这么专业的老师,我们备感幸运!"

那一刻,我不禁深深地被感动了。在家长眼里,富力桃园幼儿园已经是专业的代名词。我很庆幸,自己能来到这个专业成长的好地方!

(案例由王雪提供)

坚持不懈的反思审议,让家园工作更有质量

一段时间做好一件事容易,长时间坚持做好一件事不容易,时间是最公平的见证。从富力桃园幼儿园建园至今,家园工作也坚持不懈地做了9年多,收获了家长和各界的良好口碑。

这既得益于幼儿园前瞻性的教育观念,坚持科学的家庭教育观,也得益于教师们一视同仁地对待每一位家长,与他们默契沟通,不断从家长的积极反馈中提升自信心,变得越来越专业,最终实现了教育的双赢,让孩子们快乐、健康地成长。

这些年来，不断有捷报传来，园里教师在各类家园共育的征文比赛中硕果累累，先后荣获特等奖、一等奖、二等奖等奖项。这样的好消息，既是教师们专业能力提升的佐证，也增强了教师们的自信心。

家长们也总是适时地对我们的工作予以肯定和鼓励。记得在一次家长开放日活动后，有家长深夜给教师留言：

> 今天看着群里老师和家长分享的视频及照片，每一份都很精彩，小朋友们的活动很有趣。每一分收获，肯定离不开十分的付出，小朋友们平时在幼儿园做游戏，回家后高兴地拉着爸爸妈妈、爷爷奶奶模仿，孩子们这样的热情与兴趣，离不开老师们的悉心教导以及时间精力的付出。经常在很晚的时候，老师们还在微信群里叮嘱一些事情，分享整理好的孩子们的相册。每次接送孩子，看到老师们微笑着对待每位孩子，真的让我们很感动，由衷感谢咱们的老师们。相信孩子们在你们温柔的关怀下，会成长得更阳光。谢谢老师，您辛苦了！

（案例由琪琪妈妈提供）

孩子们在幼儿园里，有时难免会发生这样那样的矛盾。在许多幼儿园，这是教师们最犯愁的事，一旦处理不好，就可能会引发纠纷，甚至上升为舆情事件。可是让我们心存感恩的是，富力桃园幼儿园的家长大都心胸宽广，对幼儿园总是能够给予充分的信任和理解。遇到孩子之间的矛盾冲突，我们提出的解决办法，他们都能真心接受，而且非常体谅我们。一位家长在教师帮她解决了孩子之间的矛盾冲突后，发来一段长长的感言：

> 心中有爱的孩子，才会对别人保持友爱的态度。要让孩子心中有爱，在生活中时刻能感受到爱，懂得什么是爱。在这方面，幼儿园的教导非常重要，特别是在矛盾冲突的处理中，让孩子们通过反思，逐渐培养起家人般和睦、友爱的关系。
>
> 这也启示我们家长，在家庭教育中要给予孩子尽可能的尊重，帮助他形成宽容豁达的性格，在人际交往中，能给予别人最大的尊重。这一点，家长们应该时时自省，是不是很多时候都希望孩子按照成人的意愿去做选择，或者一直都习惯替他们做选择呢？要改变这一点，就应从生活中的小事做起，让孩子有充分选择的自由，让他与别人合作时，考虑到别人的选择自由。
>
> 今后我们也要多和老师沟通，像老师一样，把孩子当自己的朋友。朋友是生命中很重要的一部分，友情是友爱品格养成的催化剂。要尊重孩子的朋友，让孩感受和朋友相处的快乐，也从中体会到友情的珍贵。我想，在一个家园和谐、友爱的环境里成长，孩子心中会充满阳光，并用自身的光明去照亮周围的人！

（案例由娴娴妈妈提供）

许多时候，读着家长们写来的这样有情有理的话语，我们备受激励的同时，其实也很受教益。我们做的点滴事情，家长都记在心里。我们可能是下意识的行为，家长却从中得到很多感悟。这也使我们觉得，教师更专业、更真诚地去对待孩子时，一定会得到家长知音般的理解。还有的时候，一些家长会与教师讨论一些专业的、深层的教育问题，他们的一些独特观点也对教师们很有启发。家长与教师之间互相学习，共同进步，进一步理解孩子。

每当这时候，我们也由衷感到，教育是一件多么奇妙的事。教师、孩子、家长因缘分相聚在富力桃园幼儿园，因为对孩子的爱，教师与家长手拉手，共同努力，给孩子们创造了一个和谐统一、温暖、幸福的成长氛围，让每一个孩子在这里快乐、自信、朝气蓬勃、积极向上地健康成长。

让我们欣慰的是，近年来，越来越多的幼儿园开始重视家园共育，涌现出许多好经验。我们也在学习和借鉴中，不断反思和审视我们的家园工作，发现和改进我们工作中的不足。

细细思量，在重视园本"润"文化、重视教师园本专业研修的同时，我们的家园共育还存在一些问题和挑战，比如，在新老班长交接轮换中，如何保障家园工作的品质与前后协调，如何将现有的家园工作实践经验梳理成可供学习借鉴的方法体系，如何针对不同年龄、不同背景的家长需求提供更精细、更个性化的家庭教育服务等。

当然，是问题也是改善点，有挑战才有动力，面对这些需要改进的地方，我们从教师的专业发展出发，有一些新的思考与行动。

首先，我们更加重视家长、孩子及同行等对教师的评估，推进发展性评价，从中检索出适宜的标准并及时修正，以评估促进教师反思、自查和提升。通过察看、座谈、查阅资料等形式，对照评价指标体系，在教师自评的基础上，我们一起发现教师们在家园工作中的亮点，并及时认可，让教师在成长的道路上更加自信。同时，大家一起帮助个别教师找问题，引导教师细致分析原因，提出指导性意见和建议。我们鼓励全园教师根据有效的教育建议，凝聚共识、突出重点，以问题为导向，以科学为依据，从深度和广度去接纳、剖析与整改，让自己的家园工作更加科学有效。

其次，我们鼓励经验丰富的老教师积极对园所新教师进行多次帮扶，给予他们"个性化"的专业意见，在力求客观、准确的同时，注重体现幼儿园的"润心、潜移默化"等文化特质，使教师们，尤其是新教师不再盲目满足家长需求，而是能坚守本心，以孩子发展为中心，围绕孩子来进行家园工作。

最后，园所自上而下对家园工作加强重视，不断探索幼儿园家园工作的新思路、新方法。管理层对不同阶段的教师进行分类引导，同时考虑园所具体需求，提高弹性谈心的频次，提高帮扶的实效性；探索建立自查和年级组互查的双责任机制，对各班的家园工作基本状况进行信息收集，更加科学、全面、客观地进行评价和指导。为持续提高团队的专业化水平，多次专题培训也提上议程，我们力求做到全覆盖、全方位、全过程的追踪关心，使家园沟通工作常态化、规范化、制度化，从而建立起更为长效的监督、指导与服务机制。

在家园共育为主题的专业研修中，我们也真正认识到，任何一项教育工作只要用心做到极致，都有着极强的专业性和不可预知的精彩。这也更加坚定了我们将家园共育当作提升教育质量，为教师和家长提供专业的、支持性服务的初心。

下一步，围绕家园共育工作，我们将在总结优势、固化成果、提升研修品质的同时，一方面加大力度培养优秀的个性化管理人才，让其对家园共育工作进行专门的研究、管理；另一方面对现有家园共育工作的成果体系进行深入梳理，制定小、中、大各年龄段的家园共育目标，深入挖掘教育规律，让工作更有实效。

第五章　培养好家长是办好教育的必然

近年来,"原生家庭"成为一个广受关注的热词,由此也引发许多人对家庭教育的思考。相应的一个共识就是,家庭教育中的一些问题,会长久地影响一个人的社会发展。

作为幼教工作者,我们对这一现象深感欣慰,也期盼更多人能重视家庭教育。的确,正如人们常说的,家庭是孩子的第一所学校,父母是孩子的第一任教师。良好的家庭教育,会使孩子受益终身。

多年的工作经验也使我们发觉,虽然幼儿园是孩子接受正规教育的起点,但孩子绝不是一张白纸地进来,而是带着各种各样的性格、习惯、能力和兴趣爱好。特别是,在当下的信息时代,孩子们从小接触到丰富的社会资讯,他们的所见所闻远超我们的预期。

这些既对我们办好学前教育提出了不少新挑战,也进一步使我们坚信,要办好学前教育,必须引导和团结好家长,让家园之间同频共振。甚至可以说,要教育好孩子,我们势在必行的一项工作,就是担负好家庭教育的重任,对家长进行必要的教育,让他们做好幼儿园的同盟军,同时也在家庭中以身示范,做好幼儿成长的榜样。

在富力桃园幼儿园,我们一直把家庭教育当成一项重要的工作,每年都不吝投入、不计付出地组织了很多活动,不断创造各种新载体、新形式,从亲子教育到家长学校,从教育好父母到做好隔代教育,努力让每个家长都参与到孩子的教育中,与孩子一起成长。

成立家长学校,共同聚焦品格教育

顾名思义,家长学校就是对承担抚养教育子女任务的父母或其他家庭成员进行培训的学校,是一种指导家庭教育的新方式。相比于其他方式,家长学校能系统地向家长传授教育科学知识,与家长交流成功的教育经验,整体性地提高家长的能力和素质。

同时不可否认，随着家庭及全社会对教育的关注，一些家长面对自己"不顺心"的孩子，常常感到迷茫、困惑、焦虑，产生教育无力感。尽管家长的知识素养提高了，但并不意味着他们就懂教育。不具备专业的教育方法，甚至因为过高的教育期望，使家长走入一些教育误区而不自知。

因此可以说，接受科学、系统、专业的家庭教育知识，是为人父母不可或缺的第一课。在许多西方国家，会有专门的家长学校对年轻的夫妇进行家庭教育培训。但在我国，家庭教育的责任究竟由谁来承担，一直有争议。也因此，在许多地方和学校，诸如开设家长学校这样的举措，一直是个巨大的空缺。

争议归争议，我们觉得，办好家长学校，对我们这样的新建园来说是使家园关系融洽的好办法，也是我们解决教育难题、提高教育质量的必要之举。

怎样才能引导和教育好家长？我们经历了一段探索历程。一开始，我们通过园级、年级、班级家长会，开展不同年龄段幼儿的家长专题培训。但很快感觉，这样单一的家教活动，不能满足园里的教育发展需要。大家集思广益，经过系统设计，推出了"三级共同辐射家长学校模式"。

具体来说，"三级共同辐射家长学校模式"就是在幼儿园的整体规划下，实行三级管理，班级家长学校每学期至少召开1次，由班长主持，配班教师和保育教师协调配合；年级家长学校由年级组长主持，并邀请园领导和教师参加，不定期邀请家长参加，解决年级共性问题；园级家长学校由园领导主持，召集家委参加，共同研讨整体教育教学策略。

此外，园里会不定期邀请专家进行家庭教育的专题培训。这些年来，我们曾邀请北京师范大学钱志亮教授进行幼小衔接专题讲座，邀请海淀妇幼保健院专家进行幼儿保健专题讲座，邀请专家介绍如何在家庭里创造适宜孩子成长的氛围……为了提升培训实效，我们采取讲座和座谈相结合的方式，让家长们或现场提问，或现身说法，由专家指点迷津、答疑解惑。

这样的家长学校模式，增进了家长对幼儿园的认可，也提升了办园质量，吸引了越来越多的国内外幼教同人、专家来园参观、学习与交流。但慢慢地，站在更大更高的平台上审视，我们对家长学校有了许多新的认识和思考。

我们发现，家长学校不能只满足于单方面地传授知识，家长对幼儿园、对家长学校的要求越来越高了。一方面，在禁止幼儿教育"小学化"的背景下，幼儿园更加重视孩子的素质养成和社会适应性，在家长看来孩子在幼儿园"玩得太多"，与他们的期望有差异，这样的认知冲突需要家长学校去引导和改变；另一方面，在幼儿成长中，家长也开始关注孩子的多方面素质和能力，同时又存在一些教育困惑，比如孩子的交际能力、自己解决问题的能力、创新能力等，这些如何培养？需要我们通过家长学校，提供科学有效的教育理念和方法。

基于这样的认识，我们逐渐明确了思路，家长学校应聚焦儿童的品格教育，以此作为我们改进家长学校的一个很好的突破口。

以往的家长学校更多是教师的一言堂，家长多是来聆听教师的指导，被动地进行配合。现在我们打破了原有的模式，用问题的方式将家长的思维调动起来，参与到讨论中。教师作为组织者和引导者，在家长的讨论分享中通过其行为、策略，了解他们的儿童观、教育观，进行相应的衔接和引领。在此基础上，教师提供专业的理念和观点，分析家长们提出的教育策略是否适当，进而指导和调整家长们的教育行为。

经过这样的革新，每一次家长学校活动，教师们都会有的放矢地针对孩子们的年龄特点及发展现状，在真实的教育情境中让家长了解如何支持孩子的发展。比如，下面这次以品格教育为主旨的家长学校活动，我们以"友爱"为主题，先调查了幼儿对"友爱"的理解，再组织家长在家长学校进行分享，最终经过教师的讲解及专家的点拨，让家长们明白如何引导幼儿正确对待交友，培养孩子的社交能力。

家长学校活动，让友爱住我家

这次家长学校活动在幼儿园多功能厅举行，前来参加的是大班的26位家长。活动一开始，教师告诉家长们，本月幼儿园的品格教育主题是"友爱"，引发大家思考，围绕这一主题，班级可以做什么，家里又能做些什么？

为了让家长们对这个问题有直观认识，教师们精心制作了视频，回顾上个月园里开展的一些活动，在"好玩的测量游戏"中，孩子们专注探索；在区域游戏中，幼儿和同伴在互动中合作、分享；在户外游戏中，孩子们表现得勇敢、坚强；在节日活动中，孩子们通过"我和爷爷奶奶的约会"的打卡活动，学会何为感恩……

在视频里，教师有意选择了一些孩子在活动中出现问题、冲突的行为，由此引入这次家长学校的活动主题，和家长们一起谈谈"友爱"这件事。

到底什么是友爱？家长们也分享了他们的理解。在他们的脑海里，友爱意味着"和朋友在一起""友好相处""在乎同伴或别人"等意象。

接下来，教师又展示了对孩子们进行调查的结果，看看他们是如何理解"友爱"或"朋友"的。从他们充满童趣的表达里，大家发现，孩子们对友爱的理解是不一样的，每一个孩子感受、践行友爱的方式也不一样。那么，家长和教师该如何引导孩子建立正确的友爱观呢？

"面对孩子们多元的表达方式，我们能做到的就是陪伴、接纳、支持、鼓励和引导。最重要的就是,我们要能够读懂他们,理解他们,用他们的视角去走近他们。"教师告诉家长们。

什么是友爱?首都师范大学学者夏婧认为,友爱是指一个人亲近、支持、帮助他人的行为以及在此过程中表现出来的积极情感。

根据这一定义,教师启发家长们,品格教育带给孩子的不仅是友爱这一单方面的发展,而是对幼儿综合能力发展起了引领作用,甚至影响幼儿终身的发展。

对大班孩子来说,他们即将进入小学,通过对小学生和小学教师的调研发现,孩子进入小学后会出现多方面的问题。产生这些问题的原因,多半是孩子缺乏同理心造成的。

教师告诉家长们,一个有同理心的孩子,长大以后做什么事情都不会太差。因为他知道体谅别人,会去积极地思考,面对自己要做的事能主动寻找策略及有效出口。为此,无论教师还是家长,都要首先建立同理心,进而在家庭教育中以孩子视角去了解、解决孩子的问题。

活动进行到这里,家长最关心的就是,如何帮助幼儿建立同理心。在家长学校中,我们的办法是以绘本为切入点去开展相应的品格教育。在这个月,我们推荐的绘本有《我有友情要出租》《圣诞老爸》《了不起的一天》《咕叽咕叽》,建议家长通过绘本阅读创设适宜的教育情境,引导孩子明白友情的重要性并正确表达友爱。

平时,我们也经常会听到家长诸如此类的抱怨或投诉:"我家孩子总被某某欺负,别让某某挨着我们家孩子。"对于家长这样的观点,又该如何认识呢?教师又适时抛出专家的观点,幼教专家夏婧的建议是:随着孩子逐渐长大,家长要学会从孩子的世界中适当"退出",让孩子自己学会成长。

那么,家长具体又该怎么做,才能有助于培养孩子的友爱品格呢?教师趁热打铁,提出了几个教育原则:一是以爱育爱,让孩子体验父母的关爱;二是学会接纳孩子,关注并喜爱孩子的朋友;三是在尊重孩子基本权利的同时,教会孩子尊重他人;四是让孩子学会承担责任,适度的"后果惩成"也很有必要。

这些原则,许多家长都是第一次听说,原来孩子也有自己的权利,教师说的尊重孩子的这些细节,大多数都是他们在平时不太注意的地方。家长们一边认可地频频点头,一边把这些认真地记录下来。

为了增进家长对品格教育的直观认识,教师们又"现身说法",介绍了园里的一个做法——"礼仪宝宝"。

每一天,我们都会从大班选择小朋友作为"礼仪宝宝",早晨在园门口迎接其他小朋友入园。我们告诉小朋友,"礼仪宝宝"是班里表现最棒的,要给全园小朋友做好榜样。听教师这么说，这些孩子积极性可高了。不过，等真正上了岗，有的孩子还是会走神，只顾聊天，忘了向进园的人问好。执勤教师予以指正，他们又相互推脱、指责。

遇到这种情况，教师就在班级里进行讨论，让孩子们明白要做好"礼仪宝宝"，必须学会坚持、尽责以及团结友爱。等孩子们再上岗，果然大有改观，教师也会及时表扬孩子们的进步。

通过这样的事例，教师向家长们提出建议，平时在家庭里，也要多创造机会，让孩子体验友爱，发现了问题多和孩子交流，一起想办法解决。

活动的最后，教师给参加家长学校的家长们布置了一份小小的"家庭作业"，回家后以图文结合的形式与孩子共同制作《给朋友的一封信》，让孩子表达对朋友的感激之情。

家长学校活动结束了，家长们满脸笑容地走出教室，看得出他们得到的是满满的教育收获，还有一些家长围着教师，意犹未尽地探讨一些他们疑惑的问题。

图5-1 李雁老师组织家长学校活动

（案例由李雁提供）

就像这样，我们把家长学校作为对孩子进行品格教育的载体，每月都会针对孩子的某一方面品格养成，有重点地在家长学校里进行学习和探讨。我们将品格教育序列化，围绕友爱、自信、乐观、合作、同理心等儿童必备素养，设计出了"1个中心、

3个基本面、6个元品格、24个子品格"的教育内容。比如，9月，孩子们刚入学，教师会以"合作"为主题，引导家长配合幼儿园的教育，鼓励幼儿主动和同伴交往，多参加同伴活动，在活动中学会倾听、观察、表达。

家长们很喜欢这样有主题、有重点的家长学校系列活动，从中既了解了孩子在不同阶段的身心发育特点，也明白了一定要学会用尊重的态度和科学的方法，与孩子一起成长、进步。经过一段时间的家长学校活动，我们也欣喜地发现，家长们再找教师交流探讨时，思考的问题和提出的观点也越来越专业，和教师之间有了越来越多的教育共鸣。

实际上，在创新性地开展家长学校活动的过程中，教师们自己也有成长。每次准备这样的活动，教师都要查阅大量的第一手资料，对孩子们进行调查研究，了解孩子们的想法、看法、做法，进而制定适合孩子们需要并促进其发展的教育方案。同时，教师们还要换位思考，了解家长的兴趣和需求，设计出有声有色的教学课件，用分享、讨论的方式调动家长的参与积极性，一起思考教育行为和策略，进而改变家长的教育观和儿童观。

也因此，每一次家长学校活动，对教师们来说都是一次锻炼和成长。从家长的分享讨论中，教师们也会得到许多专业的见解，家长们的一些观点和实践，常常让教师们觉得耳目一新，获得新的启发。这样的良性互动，又会使教师们重新审视自己的工作，更加用心地对待自己的工作，不断地接纳新的教育方式方法。

通过家长学校，在积极的家园互动中，家长们的观念和行为都有了极大的改观。他们学会了不仅关注孩子的成长现象，更要分析和思考现象背后的原因，在家庭教育中找到适合幼儿的方法。家长们在调整自身教育方式的同时，也找到了和教师、孩子更好的相处方式。

毫无疑问，最终受益的，当然是园里的孩子们。有了家长学校，孩子们收获到了教师和家长对他们的尊重、理解，他们在园里各项活动中更为主动、大胆，与同伴、教师和家长的相处更加和谐，收获了真正的友情，结交了更多朋友，每天的生活也更加幸福、快乐。

开展家长学校活动，虽然占用了教师们很多额外的时间，需要他们付出更多的努力，但从家长和孩子们的成长变化中，教师们也一样收获了幸福与快乐。家长学校真正为家园共育起到了"穿针引线"的作用，让家园共育活动开展得生机勃勃，感染着教育中的每一个人。

亲子活动，让爸爸不再"缺席"

《爸爸去哪儿》这一档近年来热播的节目，引发了一个普遍的教育问题。那就是，当今社会中，随着家庭分工逐步细化，家庭教育出现了新的问题——父爱缺失。

相关调查发现：家庭教育中由父母共同承担教育责任的只有不到三分之一，60%的母亲在家庭教育中独当一面，父亲真正起主导作用的不超过15%，父亲在家庭教育中的缺失现象严重。以富力桃园幼儿园为例，入园孩子的爸爸文化素质普遍较高，自主创业、从事高新技术产业、互联网行业的比重较大，加班、出差的现象比较普遍，加之大城市生活节奏较快，爸爸们照顾家庭和孩子的时间大都不能保证，一定程度也存在"父爱缺失"现象。

但我们知道，在家庭中，父亲和母亲扮演着不同的角色，对儿童心理的发展发挥着不同的作用。心理学研究认为，父亲对于一个孩子的发展，特别是对于其自我认同具有重要的作用。父亲对幼儿性别角色的发展、人际交往能力、认知发展都有不同程度的影响。

在孩子成长的关键期，让爸爸不再"缺席"是我们在家园共育中一直想办法解决的问题。

近年来，我们每年都会设计一系列以"爸爸和我"为主题的亲子活动，如"丰收的季节：我和爸爸有个约会""秋季亲子运动会：我的爸爸是超人""我和爸爸有个约会：小科技大梦想"等主题活动，意在激发家长的教育意识，认识到父亲参与教育的重要性，改善父爱缺失的现象，使幼儿的成长环境更加健康、完整。比如，小班孩子一入园，我们就有针对性地设计了下面这样的活动。

丰收的季节：我和爸爸有个约会

新学期，又有一批小班孩子入园了，迈出从家庭到社会的第一步。怎么让他们尽快适应幼儿园生活呢？我们向幼儿的爸爸们发出"给予孩子更多关注"的倡议，并特意邀请他们参加一次幼儿园的开放日活动——"丰收的季节：我和爸爸有个约会"。

在教师的组织下，爸爸们出谋划策，精心设计了一系列与"吃"有关的活动。每个班级在园里都有一块属于自己的小小种植园，在这里，孩子和爸爸们一起种上选好的菜苗。菜苗种好了，孩子们怎样照顾他们的蔬菜宝宝呢？爸爸给孩子们很多建议：要给蔬菜宝宝喝水、晒太阳、讲故事……随后，孩子们和爸爸一起用蔬菜做游戏，进行拓印美术创作，给小熊宝宝送南瓜，和爸爸一起"保卫蔬菜池"……

开放日活动结束了，一段时间后，在孩子们的精心照顾下，蒜宝宝和萝卜宝宝发生了神奇的变化：蒜宝宝长出了长长的头发，萝卜宝宝也长出大大的叶子。孩子们小心翼翼地把蔬菜宝宝的"头发"剪了下来。晚饭的时候，厨房的师傅做了"蒜苗炒鸡蛋"和"萝卜叶粉丝汤"。看到爸爸和自己种的菜苗做成了菜，孩子们别提有多高兴了，这顿饭孩子们吃起来也格外香甜！

"我们种的小蒜苗，真是太好吃啦！""我要告诉爸爸，我们种的菜吃起来很香呢。"孩子们说。

（案例由刘天天提供）

这次亲子活动，对孩子们是多元的教育，既让他们了解了蔬菜，喜欢上了蔬菜，更加愿意参加幼儿园的活动，也和爸爸有了一次亲密接触的机会。通过这样的活动，爸爸们深有感触。

果果爸爸说："今天是我第二次在幼儿园和女儿一起活动，头天晚上女儿就反复问我，爸爸是不是报了名了，总怕我不能和她一起参加活动，在女儿亮亮的眼睛里，我感受到父爱对女儿的重要性。今后我一定多关注女儿成长，多陪伴女儿！"

爸爸们参与孩子的教育活动，用他们阳刚、坚强、有力、乐观的一面，给孩子们积极的影响。我们也特别注重让爸爸们发挥性别优势，弥补幼儿教育中的缺失，比如下面这次活动就很典型。

秋季亲子运动会：我的爸爸是超人

国庆前的一天，孩子们迎来了期盼中特别开心的一天。初秋的清晨，伴着凉爽的秋风，孩子们像一朵朵灿烂的小花，欢快地在爸爸的陪伴下早早迈进幼儿园的大门，参加"我的爸爸是超人"亲子运动会。

早饭后，各班教师和幼儿精神抖擞，口号响亮，排着整齐的队伍，迈着矫健的步伐陆续入场。每个小朋友都满怀喜悦，脸上洋溢着童真的快乐。

操场上，爸爸们准时就位，随着《运动员进行曲》响起，在孩子们期待的眼神中，四位旗手爸爸昂首挺胸地护送国旗入场。孩子们也站得比往常更直，更加专注认真。国歌响起来了，国旗升起来了，升旗仪式一结束，爸爸们和孩子们发出一阵欢呼。

先是教师们的激情暖场，一段火热的啦啦操展示，让爸爸们放松了心情，进入"临战"状态。接下来，"爸爸集体操"展示隆重上演！小班爸爸们高难度花样球操展示、中班爸爸们整齐有创意的双节棍操表演、大班爸爸们落地有声的龙拳表演。看，爸爸们多么阳刚自信，动作多么有力！孩子们时而惊叹，时而欢呼，不停地喊着爸爸的名字。（图5-2）

随即是"欢乐游戏"环节，孩子们在爸爸们的带领下一起畅游"祖国"。运动会按年龄班进行游戏，每个年龄班又分为户外主会场、分会场、室内花样游戏比拼等。每一组游戏都融入了祖国各地的民俗和地域特色，在丰富有趣的游戏情境中，爸爸们和孩子们玩得热火朝天！（图5-3）

图5-2 爸爸们展示集体操

图5-3 爸爸带着孩子一起比赛

快看,大班主会场里,家长们和孩子们合作进行游戏比赛,趣味十足、竞技热烈。一组幼儿在组合持梯跑、夹竹竿跑、跨障碍跑的游戏中难分高下。另一组幼儿在滚球、两人合作背夹球、四人齐力顶球运球的游戏中已经有人欢喜有人忧了。孩子们比拼过后,爸爸们的反击战更加激烈,只见爸爸们紧张密谋、你追我赶,比分交替上涨,比赛气氛紧张、热烈,又充满欢声笑语!

在分会场游戏中,孩子们根据每个会场的不同主题进行各种亲子游戏,有"雷峰塔""曲棍球""四渡赤水"等,孩子们在游戏中感受祖国不同地域的特色,同时也锻炼了走、跑、跳、钻、爬等技能,体验合作游戏的快乐。

最后的班级分项活动,通过不同地域的特色游戏活动,将整个亲子运动会推向高潮。在"给熊猫喂食"活动中,爸爸们的表现堪称完美,他们不抢不挤,有序喂食,让孩子们看到了合作的力量!(图5-4)

图5-4 领奖台上的爸爸和孩子们

(案例由刘天天提供)

一场别开生面的运动会中,孩子们和爸爸们一起自信欢笑、大胆奔跑,团结比拼……对他们来说,这无疑是一次久久难忘的成长经历,爸爸们带给孩子们的力量和鼓励也是任何人不能取代的。

爸爸们通过这次活动,也更加了解自己的孩子,更加体会父爱的重要意义,更加懂得陪伴的必要性以及父亲对孩子品格养成的榜样和引领作用。

运动会结束后,许多爸爸满怀感动地写了他们的感言。有位爸爸在感言中这样说:

"你要是不珍惜，北京的秋天比天上的云跑得还快，你要是不珍惜，孩子转眼就抱不动了！幼儿园很贴心，为了能够让我们珍惜与孩子在一起的时光，有了这次'我的爸爸是超人'亲子运动会，以后的某天回忆起今天，将会无比怀念。在孩子眼里，爸爸一直很忙，大部分的时候她睡着了爸爸才回来，她醒了爸爸又去上班了，今天的运动会让宝贝重新认识了爸爸，午睡醒了第一句话是'我爸爸是超人'，睡醒后不再是找妈妈抱抱，而是问我的超人爸爸呢？"

还有位爸爸深情地说道：

"参加了幼儿园举办的'我的爸爸是超人'亲子运动会，感想非常多。有句话'你再不陪伴我，我就长大了'，但是每次想好好陪陪孩子，不是晚上回到家太晚太累了，要么就是周末孩子又有其他安排。我知道孩子非常需要爸爸的陪伴，特别是陪伴他们参加喜欢的运动、游戏，这是他们最大的愿望。我想孩子们今晚的梦里肯定都是爸爸们的超人表现吧，感谢幼儿园这次活动带给我的感悟和心灵洗礼。"

每每听到这样的感言，我们也由衷地被感动。很多时候，爸爸们也想陪伴孩子，但可能缺少的是有意义的活动载体。为此，我们创设了多种多样的亲子活动，满足爸爸们参与孩子成长的愿望。有的活动，我们不在一天之内完成，而是拉长活动过程，增进亲子的体验，比如下面这次亲子共同参与的科技活动。

我和爸爸有个约会：小科技大梦想

最近，枫丹分园的孩子们对"科技"非常着迷，还在班级里建了小小科技馆。为了满足孩子们的科技梦，我们决定邀请爸爸和孩子们进行一场特殊的"约会"——一起进行科学探索，丰富班级科技体验活动。

孩子们在科技馆可以玩什么呢？孩子们回家咨询爸爸，在爸爸们的提议下，孩子们带来了小汽车和挖掘机等玩具，并且带着爸爸提出的问题，在班级科技馆里展开探索："小汽车为什么会跑？""挖掘机坏了怎么修？"一个个疑问等待大家一起解答……

为了鼓励爸爸参与孩子们的科学探索，教师给孩子们准备了很多科学材料。离园时，教师把这些材料送给孩子们，请他们在家和爸爸一起完成一项小发明。几天后，孩子们将发明成果陆续带到幼儿园和大家分享：喷墨机、螺旋车、扭动小人、遥控小人……各种科技小发明琳琅满目地摆在了教室里，大家互相观看、询问，爱不释手。

一天，一个孩子带来了和爸爸共同制作的一架飞机，这让所有孩子激动不已！

"这是首都机场的飞机吧，我就是坐这种飞机出去玩的。""我看，它是一架战斗机，可以打仗用的。""不仅可以打仗，还可以装东西呢。""我家里也有飞机，是一架无人机。""什么是无人机啊？"飞机的话题在孩子们之间引起热议。

得知孩子们对飞机感兴趣，爸爸们更加积极踊跃，给孩子们买了很多关于飞机的书，带到幼儿园和小朋友一起看。周末，许多爸爸还带着孩子们一起去了航空博物馆。为了继续满足孩子们对"飞机"的浓厚兴趣，我们特意邀请了专业的无人机操作员和解放军叔叔，组织了一次班级亲子活动，举行了一场以飞机为主题的科技活动。

在活动中，孩子们在爸爸的指导下大开眼界。他们知道了飞机是由机头、机翼、机身和机尾组成的；知道了世界上有很多种飞机，有客机、货机、战斗机、直升机……孩子们和爸爸一起探索纸飞机的做法，尝试着哪种方法能让飞机飞得更高更远。最后，爸爸们带着孩子们见识了真正的无人机。

这一天，孩子们别提多兴奋了！看着放飞的无人机，孩子们拿起画笔，将一架架高飞的无人机画到了画板上，也将一颗科技梦的种子种到了心里。

图5-5 孩子观看真正的无人机

（案例由刘天天提供）

孩子的科技梦想，不仅需要教师的支持，更需要爸爸们的支持。在这场由孩子们自己发起的、爸爸陪伴参加的"科技"之旅中，孩子们的自主精神、探索精神、创造力和坚韧性都得到了充分的发展。爸爸在和孩子们的互动中也更加了解了他们的兴趣爱好，给予他们更多的陪伴。

小鱼头爸爸说："今天参加了幼儿园的半日活动，这一期的活动主题非常贴合老师之前传达过的一些育儿经验，形式也生动有趣。活动充分展示了爸爸在孩子成长中的重要性，让我了解了父母的陪伴在孩子的成长过程中不可或缺。孩子的坚韧、果断、包容、独立等品质的培养很重要，这些品质的培养在父亲的陪伴下会有更好的支持，今后我一定会抽出更多时间陪伴孩子！"

牵手隔辈教育，补齐家园共育短板

"我们也想自己带孩子，可是要上班实在没有时间，只能麻烦爷爷奶奶来带了。"

"我们对老人没什么要求，只要能保证孩子的安全就行了，不奢求让他们教什么。"

"我家老人就是太惯着孩子了，什么都不让他自己来，结果孩子这么大了自己吃饭还吃不利索呢，可也没办法呀。"

"有时候没办法沟通，我们想让孩子尝试的东西，老人们总是横拦着竖劝着，生怕孩子磕了碰了的。"

以上这些声音，相信年轻父母们一定不陌生。这些话语全都指向了一个当下的热门词汇——"隔辈教育"。隔辈教育，是如今我国最普遍的一种家庭教育方式。年轻的家长们由于工作忙、压力大、年龄小、精力不足、经验不够等各种缘由，无法独自教养孩子，而退休在家、时间充裕的老人们就成了家庭教育的主力军。正如上面这些话所表达的，对于隔辈教育，可谓"让人欢喜让人忧"，不同的人有不同的声音，年轻父母觉得老人们对孩子太溺爱，老人则认为孩子都是这么带大的，只要孩子平安、健康就好。

应该说，虽然两代人的出发点都是"为了孩子好"，但由于社会的发展、时代的不同、环境的转变等原因，家庭育儿观已发生改变，两代人的认知在碰撞的过程中不断出现摩擦，矛盾也由此产生。

如何解决这个矛盾，对隔辈教育进行正确引领呢？

生活中的任何事情都有两面性，如果我们能够正确引导，将隔辈的教育理念由"看孩子"转化为科学、合理的育儿理念，不仅能保障家园共育的顺利实施，也能让幼儿家庭生活更为和谐、快乐。

在富力桃园幼儿园，我们通过一系列有针对性的、"走心"的活动，牵手隔辈教育,从而补齐家园共育中这一短板。

尊老、敬老是中华民族的传统美德,我们坚信"孝心"是孩子们人生幸福的第一颗种子。在引领隔辈教育的同时,我园积极组织爷爷奶奶进校园系列特色活动,希望通过活动,孩子们能够体会到老人的辛苦,感受到老人的付出与爱,用自己的行动来表达对爷爷奶奶的情感。同时,也在活动中向老人们传达正确的育儿理念和方法。

农历九月初九是我国的重阳节,在这个特殊的日子里,我园发起了小班、中班、大班一系列的"醉美重阳"主题活动,以弘扬孝道、启发孩子的感恩之心、培养孩子们知恩感恩的好品格为目标,倡议孩子们在感受爷爷奶奶爱的同时,用自己力所能及的行动表达感恩。

活动前,教师们精心策划准备,向老人们发送邀请函,邀请他们参与重阳节当天园内举办的"最美夕阳红"老人专场演出,鼓励爷爷奶奶们踊跃报名,在这个舞台上尽情展现才艺。

同时,我们还向爸爸妈妈和小朋友提出倡议,建议爸爸妈妈们尽力做好以下事情:"常回家看看,好好倾听父母的诉说""定期打电话,一声问候疏散父母的忧愁""亲手为老人做份他们爱吃的饭,一起参与他们爱做的事情""为父母做一次健康体检"……

在此基础上,我们建议年轻父母和孩子、老人一起整理亲情档案,与老人共同回味那些年、那些事。用一张泛黄的老照片、一张剪过的火车票、一份大学时的汇款单、一封尘封的家书……回味对父母浓浓的思念,让历史重现,让爱延续。

同时,我们向孩子们发出倡议,请他们做三件事:"每天晚上睡觉前给长辈捶捶背,揉揉腿""每天做力所能及的家务""每天回家都要和长辈说三次以上谢谢"。以上三项每天坚持在班级微信群打卡发照片,爸爸妈妈代发朋友圈。坚持21天,就可以得到教师送的惊喜礼物一份,还有敬老好孩子奖状一张。

秋日的暖阳中,孩子们笑脸如花,老人们也意气风发,一起走进富力桃园幼儿园"醉美重阳"的活动现场。在"爷爷奶奶是大明星"环节中,来自小、中、大不同班级的孩子的爷爷奶奶们表演了歌曲串烧、合唱、口琴、葫芦丝、竹笛、朗诵、舞蹈、双簧、太极、武术、书法……节目精彩纷呈。(图5-6)

孩子们也提前为爷爷奶奶准备了各种加油的横幅和口号,台上的老人们精神抖擞,台下的孩子们大开眼界,惊叹于自己的爷爷奶奶竟然拥有这么多"绝活"。(图5-7)

接下来是活动的第二个环节"和爷爷奶奶在一起"。意在通过小手拉大手,抚摸爷爷奶奶的手纹,感受暖暖的温度,认认真真地和爷爷奶奶说一说心里话。

活动前的一周里,孩子们精心制作了给爷爷奶奶的小礼物——小贺卡和五彩斑斓的纸花。孩子们将爷爷奶奶迎进班后,向他们展示自己学会的儿歌、舞蹈,为爷爷奶奶捶捶背、捏捏肩。

图5-6 奶奶们表演节目　　　　　　　　图5-7 孩子们为爷爷奶奶加油

接下来，孩子们用稚嫩的童音郑重承诺："爷爷奶奶，这几年为了照顾我们你们太辛苦了，现在，我们已经会做很多事情啦，我们也可以照顾你们啦，所以，今天我们大声地说出我们的承诺：我们会按时休息、好好吃饭不挑食、自己的事情自己做……"

我们还为老人们准备了一个暖心的小惊喜。此前让爸爸妈妈为老人们录制了心里话小视频，那些当面不好意思讲出的爱与感谢，全都满满地装进了这份视频里。听着孩子们可爱的话语，看着视频里年轻父母们的真情倾诉，老人们纷纷欣慰地红了眼眶。

爷爷奶奶是一座传统文化的宝库，本次活动我们特意邀请了"本领大"的老人们为孩子们带来各种有趣的小课堂，有茶疗文化、书法文化、剪纸艺术、茱萸制作，还有别开生面的讲述：听爷爷奶奶讲过去的故事——我小时候的生活。

孩子们虽然听得似懂非懂，但也明白了，原来爷爷奶奶小时候的生活跟现在的生活很不一样，没有电视、计算机、手机，也没有各种玩具，听起来很苦，但是也很有意思。

除了精彩的表演、温馨的互动，当天的活动还有各种各样有趣的老游戏，如滚铁环、跳房子、打弹珠、夹包跳、老鹰捉小鸡、跳皮筋等。与其说孩子们带着爷爷奶奶玩，倒不如说爷爷奶奶带着孩子们玩，园里处处充满了欢声笑语。

活动的最后，孩子们拿着小橘子，亲手剥给爷爷奶奶吃。"爷爷奶奶，我长大了，我来给您剥橘子，我来给您捶捶背，我是您暖暖的小棉袄！"吃着孩子们剥的橘子，爷爷奶奶笑在脸上，甜在心里！

带着活动里感受到的浓浓亲情和感动，在那一个月里，我们通过21天的"醉美重阳——我是孝顺之星"的打卡活动，引导孩子们每天坚持照顾爷爷奶奶：洗脚、铺床、扫地、择菜……让他们在劳动过程中感受爱与付出，把敬老变成生活中的自觉行动。

通过这样一系列活动的开展，年轻父母们渐渐理解了"隔辈亲"的特殊情感，老人们也通过一次次的活动在教育观念上有所变化。一位奶奶发来这样一段话：

"启蒙教育首先以德育为突破点,这是富力桃园幼儿园为孩子们身心健康奠定的良好成长基础。幼儿园领导和老师们不但立足于孩子们现在的点点滴滴,更难能可贵的是还把视线投向孩子们的未来。我为我的孙子能在这样的集体中,这么有责任感的老师们的关爱下成长深感欣慰。德育是一个系统工程,需要社会、家庭、幼儿园形成一种合力。老师们和孩子父母是践行者,我们退了休的爷爷奶奶、姥姥姥爷是助力者,咱们一起配合,支持幼儿园的老师们为孩子们健康、幸福、快乐、平安的成长营造一个良好育人环境!"

从一开始的开心参与,到后来的细心关注,到最后的主动反思,我们相信老人们也和孩子们一起不断地成长着,他们也渐渐明白了自己肩负的教育使命。慢慢地,在开放日的交流中、在日常的沟通中,我们惊喜地听到爷爷奶奶的反映:

"老师,我发现我家孩子自己能把东西收拾得特别利索,根本不用我帮忙。"

"老师,昨天回家之后这孩子还帮我捏肩,问我这一天辛不辛苦。"

"老师,我和他妈妈现在都觉得他的进步特别的大。"

……

这些话语给了我们更多的信心与力量,让我们坚信,隔辈教育绝不是困境与难题,只要各方积极配合、沟通得当,一定能为孩子创造出最适宜的环境,让孩子健康、快乐地成长。

双星家长评价,用榜样驱动幼儿发展

在幼儿教育过程中,家庭和幼儿园缺一不可,其中原生家庭的教育力量更是不容小觑。作为家长应认识到言传身教的重要性,在日常生活中做到身体力行,逐渐自我完善,为幼儿做好榜样的同时,激发幼儿内驱力,促进幼儿身心健康发展。

为了提高家长对幼儿家庭教育的重视程度,激发家长争当幼儿学习榜样的兴趣,让家长变被动学习为主动学习,近几年,我们在全园各班级开展了双星家长评比活动。

活动初期,我们在家长会上进行详细解读,让家长们充分了解开展双星家长评价活动的意义及对幼儿发展的深远影响,特别强调家长在家庭中身体力行对幼儿进行引导的重要性。

家长会上,教师们将幼儿与教师合作完成的对爸爸妈妈的评价卡片展示给大家,解读本学期评比活动的规则与需要家长们配合的注意事项。家长们听得认真、记得仔细,都对此次的评比活动表示非常认同与期待。就这样,双星家长评比活动拉开了帷幕。

在每个班级,每位幼儿都和教师一起合作完成一张属于自己爸爸妈妈的双星评比卡片，卡片大小为A4纸的一半，写上幼儿的姓名，卡片上有教师绘制完成的两行五列的表格，表格中的每一个小格子用来贴星级评价，孩子们在评价表格的四周加上各种艺术装饰，如绘画、拼贴等。就这样，一张漂亮的双星评比卡就完成了。（图5-8、图5-9）

图5-8　大二班的双星评比卡　　　　　　　　图5-9　孩子们自制的双星评比卡

有了评价卡片，如何根据家长活动的完成情况给予评价呢？所谓双星评比活动，就是说，其中的一颗星是由孩子们来进行评价的，评价的主导权在孩子们的手里。

评价表格的第一排有五个小格子，代表一学期的五个月。园里每个月都开展一次大型家长开放活动，邀请幼儿的爸爸或妈妈到园共同参与，让家长直观地观察了解到幼儿在园的学习生活情况。在当天活动结束后，爸爸或妈妈将得到自己宝贝发放的一颗小红星评价。为了得到宝贝们的奖励，爸爸妈妈们要做好榜样，按时来参加活动才行。

第二颗星是由教师来进行评价的。保健部门每月给家长们布置培养幼儿良好卫生保健习惯的小任务，家长们需要根据相应的指导方法认真学习，坚持每天科学合理地指导幼儿进行习惯培养，并做好记录，在月底进行幼儿本月活动参与情况及发展情况的小结。每月按时完成学习并积极上交记录反馈表的家长，将在月末得到一颗教师给予的小红星评价。

没想到，对于这样看似"小儿科"的评价，家长们都很认真，非常想得到来自孩子和教师的小红星评价。

记得第一个月，保健室开展的是指导幼儿自主用餐的习惯培养活动，倡议书中有详细指导幼儿正确使用餐具的方法及指导策略，供家长们参考。家长们既可以从中了解教师如何在园对幼儿进行指导，又可以学到科学、丰富的指导方法与策略，在家对幼儿进行一对一的引导，以幼儿感兴趣的游戏形式激发学习兴趣，启动幼儿内驱力，使幼儿能够更快地掌握正确使用餐具进餐的方法，较好地完成独立进餐。

接下来一个月，我们开展的是幼儿刷牙习惯的培养活动，家长们先要根据保健室给予的指导方法，学会正确的刷牙方法及步骤，并在每晚睡前与幼儿一同完成刷牙环节，做好牙齿保护，并在当月持续监督幼儿少吃甜食、不喝碳酸饮料，及时关注幼儿龋齿情况。

第三个月，我们倡导家长们带领幼儿多参加体育运动，多开展一些适宜幼儿体质发展的家庭运动小游戏，使幼儿增强体质的同时，促进亲子关系，使家长和幼儿在家度过更有意义的快乐亲子时光。

让家长最感兴趣的是，在每个月的倡议书中，我们还提供了一些有趣的小游戏供家长们参考使用，对于没有经验的家长来说，只要学会这些小游戏，也可以在家中和幼儿一同玩，寓教于乐地完成幼儿园的倡议要求。

比如，我们倡导家长一起关注幼儿的用眼健康，培养幼儿良好的阅读及书写习惯，监督幼儿减少使用电子产品的时间。教师就会将指导幼儿用眼要求的内容以儿歌形式分享给家长，使他们能够快捷地掌握正确用眼时需要注意的问题，在家庭中身体力行，做孩子的榜样。

就这样，每到月末，当孩子们对爸爸妈妈进行完星级评价后，教师也会根据家长们上交反馈的情况，及时为家长贴上教师评价的小红星，最后将本月收集上来的家长反馈表一同上交保健室存档。

经过一个学期持续性的活动，在幼儿园的引领与指导之下，家长们逐步认识到在日常生活中对幼儿进行身体力行的榜样教育是多么重要，同时也意识到科学的指导方法对于激发幼儿内驱力、促进幼儿主动学习起着事半功倍的作用。

我们也高兴地看到，双星家长评比不但使家长们在教育理念上有了巨大转变，而且使家长们对幼儿家庭教育更加关注与重视，对幼儿园的工作给予更多认可与支持。这一评价方式的创新，既教育引领了家长，也让家园之间变得更亲近了。

第六章 家长是课程建设的重要资源

从某种程度来说，作为教育起始阶段的幼儿教育，更像是教育中的"弱势群体"。在这个资讯发达的时代，一些极个别的幼儿教育负面事件可能被曝光、被放大，引起轩然大波。更何况，少数人因为个人原因，把幼儿园当成了发泄私愤的场所，一些见诸媒体的幼儿伤害事件，也像头顶悬了一把剑一样，让人时刻不能掉以轻心。

在这种多重压力下，幼儿教育如何找到合理的解决办法呢？在我们看来，最好的方式不是加强警备、关门办园，而是以开放的态度，创造各种机会让家长走进园，增进他们对幼儿教育的理解，进而让他们变成幼儿教育的支持者、参与者和合作者。

每一年，我们都会面向家长开展问卷调查，从中既了解幼儿的家庭生活背景，也充分了解家长对幼儿教育的问题和需求。调查结果显示，富力桃园幼儿园的家长绝大部分都是高学历人士，具有较好的教育背景，一方面，他们有自己的教育观念、教养态度以及教育方法；另一方面，他们对参与和了解幼儿园的教育有强烈需求，愿意和幼儿园一起帮助孩子更好地成长。

在这样的背景下，我们因势利导，把家长作为办好幼儿教育不可或缺的资源，利用家长的行业优势和专业背景，引导他们参与到幼儿园的课程活动中，丰富和完善我们的课程建设。

根据《3~6岁儿童学习与发展指南》的要求，我们创建了富有特色的园本主题课程。从自然环境和社会环境中选择贴近幼儿生活实际的教学内容，通过"预成教育"与"生成教育"相结合的办法和操作尺度，融课程的目标性和灵活性于一体，同时尊重孩子"好玩、好动、好奇"的天性，为孩子们创设轻松、愉快的游戏环境，让孩子们在快乐中得到发展，在发展中享受快乐。这样的课程与教学方式，不仅需要幼儿与教师的积极配合，也需要家长的参与和支持。因此，我们随时利用幼儿园的大型活动，举办与主题活动密切相关的课程活动，让家长在与幼儿的互动中更好地了解幼儿园、认识班级的教育活动，从而配合幼儿园进行相关的课程活动。

> 为了发挥家长不同的职业资源优势，丰富幼儿园教学课程，开阔孩子视野，我园开展了家长参与园所课程建设的系列"家长进课堂"助教活动，为孩子们提供了一个个精彩纷呈的活动形式，也让家长有机会走近孩子，在教育中实现亲子互动，为幼儿园增添一份生机和色彩。各类职业的家长走进幼儿课堂，让孩子们体验到不同于教师日常教育的课程，也让家长亲身感受幼儿教育的精髓。
>
> 这些活动得到了家长的大力支持，他们充分发挥聪明才智，制作了精美的教具，还有的家长制作了多媒体课件。教学活动内容也是形式各样，有安全课程教育、健康课程教育、美食课程教育，等等。

家长进课堂，让教育贴近生活

如何合理有效地利用家长这一资源，激发家长参与幼儿园课程的兴趣，让家长愿意并善于参与课程建设？这并不是件容易的事情，需要教师集中智慧采取多元化的策略，为家长创造更多参与幼儿园课程建设的机会。

近年来，很多校园安全事件通过媒体曝光出来，有些就发生在我们身边，触目惊心。前段时间发生在北京某小学的砍人事件，让我们和家长一样，震惊、悲痛、绷紧了神经。孩子的安全，牵动着每一个人的心，我们必须行动起来，教会我们的孩子在危险的境地保护好自己。

要让幼儿知道必要的安全保健常识，学会保护自己，而幼儿园常做的是幼儿一日生活安全教育，对于不常发生的校园暴恐、自然灾害逃生与自救的教育相对较少。灾害来临时，幼儿往往是最弱势的群体，这就需要我们教师和家长来共同唤起孩子的避险自救意识。为了增强幼儿的安全意识和实操技能，我们决定开展避险自救演习活动，给幼儿一些逃生与自救的方法和危险来临时的应对及体验。

家长进课堂活动就是一个很好的契机，通过家委会、平时约谈、调查等形式，我们了解了家长工作的性质，决定请来一位在西三旗派出所工作的刘警官。刘警官也很积极认真地配合我们的工作，结合我们对孩子年龄特点和心理发育特点的把握，共同设计孩子们乐于接受的活动内容和形式，通过这些活动，在不增加孩子心理压力的情况下培养孩子的自我保护意识。

在活动前，我们带着孩子们先充分了解安全的重要性，给他们讲解了最近发生的校园安全事件，告诉他们危险可能就在身边，当危险来临时我们应该怎么做，让他们回家和爸爸妈妈探讨，再回幼儿园和小朋友们分享。

通过前期的铺垫，孩子们对警察阿姨的到来充满期待。活动当天，一身警服的刘警官帅气地走进我们的多功能厅，孩子们发出一阵惊呼，都以崇拜的目光追随着警察阿姨。

自我介绍过后，刘警官从视频和图片开始，用精心制作的孩子们乐于接受的漫画，深入浅出地给孩子们介绍坏人来时怎么办。她一边展示图片，一边和小朋友展开讨论，提出问题："如果有坏人来到咱们幼儿园，小朋友们怎么办啊？"（图6-1）

图6-1 刘警官培训避险自救小知识

听到这个问题，小朋友们积极地举手抢答。谦谦说："赶快跑开。"恬宝说："找地方躲起来，不能出声音！"乐乐说："找老师，和老师小朋友在一起。"马子昂说："大声呼救。"

孩子们的回答五花八门，刘警官笑道："宝贝们真聪明，办法真多，阿姨告诉你们，你们说的全都是正确的办法。"随后，她详细地讲解了遇到坏人时小朋友应注意的事项：

"遇到危险，跑为上计。"

"不停留不围观。"

"跑不掉就躲，建筑、树木、花坛、桌子底下都可以藏身。"

"跑不了，躲不了，就用脚踹，要大声呼救。"

"服从命令，不和坏人对视对话。"

孩子们专注聆听，小手下意识地紧紧握拳，时不时还模仿着刘警官的动作。随后，刘警官邀请了几个小朋友到前面，和她一起示范坏人来了怎么办。糖果转身就跑。刘警官说："我们在教室里，跑不掉怎么办呢？"悠悠和辰辰立刻躲到钢琴下面，捂着小嘴巴，不吭声。刘警官说："没有来得及躲起来怎么办啊？"元宝立刻躺在地上，开始假装用脚使劲踹，并且大声呼救。

演示的小朋友专注、认真。其他小朋友也献计献策，纷纷给演示的小朋友支着儿。（图6-2至图6-4）

图6-2　演练坏人来了怎么办

图6-3　示范正确保护动作　　　　　　　图6-4　小朋友演示逃跑路线

刘警官补充道:"一般闯入校园的歹徒都是穷凶极恶的,千万不要上去阻止他们,如果被歹徒追上,可以仰面腿弯曲,不停地交替踹蹬,这样歹徒难以下手行刺。如果身体失去平衡,我们要快速找到墙面,身体蜷成球状,面向墙面,双手紧扣置于颈后。"

刘警官耐心地指导小朋友们,对错误动作和正确动作进行举例,让孩子们理解得更加深刻。每一张精心准备的课件,每一句符合孩子们心理和认知接受能力的话语,每一个孩子们可能出现的场景演示,无不浸透着我们对孩子们深切的爱。孩子们专注的神情,追逐的目光,积极的举手回应,让我们觉得这次活动很有效。

接下来,我们和刘警官一起设计了一次避险自救演习,让孩子们获得突发事件的经验。演习的情境是这样的:下午3点左右,幼儿园的孩子们在操场上进行户外活动,一名"可疑"人员在门口徘徊片刻后持棍进入园区。

这时候,保安师傅手持"武器"全力阻拦。警报响起,在操场各地活动的教师和孩子们迅速集合。有序通过每班的"安全通道"撤离回班,班里三位教师配合默契,锁好第一道门,孩子们和其他两位教师撤离回睡眠室,用重物顶住班级门口,孩子们有的藏在床底下,有的藏在床后边,正在操场游戏的大班孩子们也在教师的带领下快速撤离。(图6-5)

图6-5 刘警官指导小朋友进行安全疏散演习

随即,后勤的教师们和保安人员火速赶到现场。全园都安全撤离,经过一番搏斗后,"歹徒"被男职工们合力制服。警报解除,班里的孩子们和教师才松了一口气。

演习结束后,刘警官夸奖孩子们说:"刚才我一直在看你们的表现,你们能用不到10秒的时间迅速排成两队,有序地跟老师一起回班,你们表现得非常好!"

灾难危险是一个沉重的话题,如何让幼儿勇敢镇定地面对危险,游戏是一种很好的教育形式。活动结束后，我们马上对孩子进行了心理疏导，告诉孩子们演习活动是假的，目的是学会遇到真正的危险时应该如何应对。

孩子们说："我虽然有点害怕，但是我是第一个躲在床下的，我快速地钻进去！""我和好朋友毛毛抱在一起！""老师，坏人来了我躲得可好了，我快速躲到了床底下，小手握得紧紧的，都没有发出声音。""我刚才躲在玩具柜后特别紧张，还好我藏的地方黑黑的，坏人发现不了。"通过我们的疏导，孩子们的表情由凝重恢复轻松、愉快，我们这才放了心。

当天，孩子们回家把演习的"经历"给爸爸妈妈们讲了一遍。家长们感动地说："幼儿园对突发事件有敏锐的嗅觉和快速的反应，感谢幼儿园教会孩子们识别危险，保护自己！愿我们的孩子、老师、全体工作人员永远不要身处险境，永远只是会保护自己而不需要真正用到！"

"感谢老师的分享，让我们家长也掌握危急时刻的应对方法。老师们辛苦了。幼儿园的教育真是太全面了。"

"感谢幼儿园老师的用心安排和辛苦工作！这些天的安全教育让孩子们收获良多，回家来主动讲述和演练学校学的内容，遇到火情用毛巾堵住口鼻俯下身子，找安全出口。遇到突发情况听到警报要躲避到桌子或床底下，不要动。这样的教育太好了，提升了孩子的安全意识和自我保护意识。"

家长进课堂活动结束了，但本次活动给孩子、家长以及教师们带来的震撼余味深长。在幼儿园活动中，家长进课堂的方法既拓宽了幼儿教育领域，又让孩子非常开心，让孩子们能够更加贴近生活，学到必备的生活技能，为幼儿教育增添更多活力。

教师做助教，家长更自信

健康教育在幼儿教育中有着很重要的位置。同时在影响学前儿童成长的诸多因素中，家庭在幼儿的发展中有着最为直接、深远的影响。为了使健康教育更加直观有效，我们请家长们参与孩子们的教育活动。

家长进课堂活动，不仅有效利用了家长职业的特殊性，还能够给孩子们带来不一样的职业教育体验。在活动开展前，我们对班级家长的职业有了一定的了解。我们面向全体家长做调查后发现，对于家长进课堂活动，绝大多数家长认为活动很有意思，愿意积极配合园所，参与到孩子们的健康教育活动中。但少数家长也心生顾虑，认为自己不能胜任给孩子们上课这项工作。为了消除家长们的顾虑，我们把自己变成"助教"的角色，积极给家长各种支持和建议，帮助家长们顺利完成好家长进课堂活动，找到参与幼儿教育的信心。

这里就以"冬季流感"的活动开展为例,说明我们是如何开展家长进课堂活动的。

每到季节变化的时候,幼儿生病的较多。冬季是幼儿流行性感冒的多发季节,为了提高幼儿的自我保护意识和能力,让幼儿懂得怎样预防感冒,我们创设了一次家长进课堂的健康教育活动。

此次活动中,我们邀请了在中医院工作的石头妈妈走进课堂。石头妈妈是一名中医院的医护工作者,对于这项活动兴趣很高,很愿意参与到活动中来。但她也有一些顾虑,生怕自己讲得太专业,小朋友们听不懂或不感兴趣。为此,对于讲述的内容,我们帮助她一起选择、推敲。石头妈妈结合了当下的季节,准备讲述关于流感的知识。她多次与我们一起进行沟通、修改,最终选择了"感冒是什么?""感冒病毒如何传播?""感冒时身体会怎么做?""感冒后我们要怎么做?"以及"如何预防感冒?"这五个方面的内容来为幼儿讲述关于冬季流感方面的健康知识,也让幼儿更好地了解流感、掌握相应的预防办法。

怎么给这么小的孩子上课呢?这是石头妈妈的另一个顾虑。她从来没有过对幼儿进行教育活动的经验,在活动中如何与幼儿进行沟通,这对她来说是一个不小的挑战。

在这方面,我们耐心地对石头妈妈进行辅导,让她知道对于学前期的幼儿,最需要的是体验式、游戏性强的教育。我们与石头妈妈设计了"一看看、二说说、三做做、四体验"的思路,便于她在活动中与幼儿进行互动。

同时,我们利用集体活动环节、生活环节、过渡环节等多个环节开展相关健康主题活动,带领孩子们学习健康知识。孩子们阅读了绘本《流感大人》,通过绘本的生动讲述,初步了解关于流感病毒的知识,为之后的活动做铺垫。我们还请孩子们与家长共同寻找预防流感的办法,用自己的方式进行记录。

有了这些准备工作,这次家长进课堂活动进行得非常顺利。活动中,石头妈妈先以幼儿生病的同伴为切入点,引出感冒这一话题,来激发幼儿的活动兴趣。然后,引导幼儿通过观察普通感冒病毒和流感病毒的卡通形象,让幼儿了解普通感冒病毒和流感病毒的区别,从而让孩子们了解感冒是什么。(图6-6、图6-7)

接下来,石头妈妈以动画故事的形式,让幼儿了解病毒是如何传播的,以及在感冒时身体会出现什么样的反应。在这个过程中,石头妈妈运用语调的变化、适当的提问,引发幼儿进行思考。幼儿也表现出了极大的兴趣,对于故事的发展进行大胆的猜测。随后,幼儿们进行模拟表演,模仿生病后自己会怎么做。在这个环节加入了孩子们的实际体验,再次提高了孩子们的活动兴趣。(图6-8至图6-10)

在模拟表演活动中,个别幼儿出现胆怯、害羞等现象,石头妈妈及时地予以鼓励,教师也会对幼儿的情绪进行安抚,共同帮助幼儿完成模拟表演。最后,石头妈妈请幼儿将自己与家长共同收集的预防感冒的方法进行展示,使孩子们更好地掌握了预

图6-6　幼儿回答流感是什么

图6-7　石头妈妈解释流感

图6-8　石头妈妈讲述感冒病毒如何传播

图6-9　幼儿回答感冒病毒如何传播

图6-10　幼儿模仿擦鼻涕

防流感的知识。石头妈妈作为中医工作者，还特意展示了中医上预防感冒的推拿方法，请幼儿现场参与、感受。（图6-11至图6-13）

我们从旁观察，在整个活动过程中，孩子们对于家长进课堂活动充满好奇与兴趣。虽然讲述知识的不是熟悉的教师，但是孩子们在活动中仍然

图6-11　石头妈妈示范迎香穴的位置

图6-12　幼儿找迎香穴

表现出极大的专注性。为了开展好这次活动，石头妈妈也的确很用心，与教师一次一次的沟通、探讨，了解需要注意的问题，这才有了课堂上的良好效果。

图6-13　石头妈妈展示推拿方法

通过亲身参与幼儿的教育，家长能够将自己的社会经验传授给幼儿，同时又能够从教师身上学习到正确的教育方式。这样的家长进课堂活动，给幼儿与家长提供了交流的平台，也给教师和家长提供了一个相互了解、学习教育方式的契机。

总之，对于学前儿童的健康教育，

仅靠幼儿园是远远不够的，需要充分意识到家庭教育的重要性。只有积极寻求家庭的配合，才能更好地促进幼儿的健康成长。

图形美食烘焙，体验妈妈的味道

幼儿园的阅读月活动到了，每个年级都会根据孩子们的兴趣选择相应的阅读内容和形式。中班组以"图书漂流"为契机，让孩子们把喜欢的绘本带到幼儿园和同伴分享，其中最受孩子们欢迎的一个绘本故事就是《吃了魔法药的哈哈阿姨》。故事中的哈哈阿姨喝了神奇的魔法药水后，可以用魔力把圆形、正方形、长方形、三角形等组合成各种小动物，来打败邪恶的魔法师。

通过这本书，孩子们对制作饼干产生了兴趣，一提到烘焙活动，孩子们就很兴奋和激动，聊到自己最喜欢吃的点心，聊到妈妈给自己做好多好吃的东西，孩子们回忆起了妈妈的味道。我们发现了孩子们的兴趣点，抓住这一契机，开展了一次妈妈进课堂图形美食烘焙活动。

活动前，我们带着孩子们先充分了解烘焙是什么以及图形组合的内容。孩子们在学习中可以获得对图形的概念认识，还可以获得感官认识，并应用到日常生活中。孩子们通过了解，认识主要的几种图形，利用生活中的实物来分辨各种图形，并通过烘焙实践来认识图形，了解立体图形的空间构建特征。

我们和孩子们一起寻找日常生活中各种各样的图形，孩子们发现钟表是圆形的，楼房是长方形的，玻璃有正方形的，滑梯是长方形、三角形、正方形和半圆形组成的，等等，并把这些有意思的图形组合画下来，打算制作成图形饼干。班里部分孩子还带来了妈妈制作的点心给小朋友们品尝，一起分享制作点心需要的材料，孩子们吃得津津有味，也对即将开展的烘焙活动更加期待。

带着激动和期待，中班孩子开展了妈妈进课堂图形美食烘焙活动。我们邀请了尽喜、小石头、睿娴三个小朋友的妈妈来到中一班，孩子们见到她们很激动，争着抢着要来做点心。

三位家长每个人都有自己的分工，尽喜妈妈带领孩子们通过PPT一起回顾生活中的图形都有什么，并提出问题，"我们身边处处都是图形，一会儿请你们告诉我，都看到了什么？它们都是由什么图形组成的？"通过互动的形式，孩子们了解到生活中的图形，并认识到有些图形不是单一存在的，组合在一起也很美观。边边说："你看，我们住的楼房其实不是一个长方形，是要用五个长方形组成，楼房需要四面墙和一个房顶。"（图6-14）

认识了生活中各种各样的图形组合，孩子们更想参与到制作当中了。下一位家长小石头妈妈带着制作饼干的道具出场了,先带领孩子们简单认识了一下工具,有面团、几何图形的饼干、糖霜、擀面杖、模具和一些用饼干做好的成品房子、蛋糕、冰激凌、沙发、金字塔等。

小石头妈妈带领孩子们先用擀面杖把面压平,然后用模具把自己喜欢的图形压出来,为了能让孩子们体验组合饼干的乐趣,妈妈们特意在家里烤好了现成的图形饼干。(图6-15)

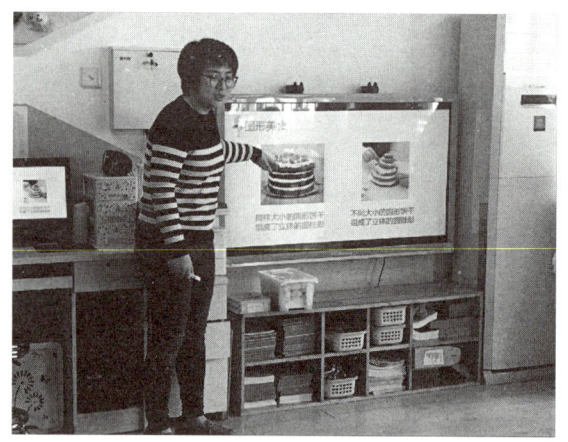

图6-14 尽喜妈妈和孩子们一起了解生活中的图形

图6-15 小石头妈妈带孩子们一起了解制作图形饼干的过程

接下来,睿娴妈妈带领孩子们完成图形的组成,球球说:"我想做一个三角形屋顶的房子,所以我的房子需要四块正方形和一个三角形。"不过,当球球用糖霜粘好房子的墙壁后,发现一块三角形是没有办法立在房顶上的,小石头妈妈看见了,拿着已经做好的小房子给球球看:"你来数一数阿姨这个三角形的房顶需要几块三角形呀?"球球数了数,开心地说:"我需要四块三角形!"(图6-16)

不一会儿,丁丁拿着两块长方形朝尽喜妈妈走过去:"阿姨,我想做一把小椅子,可是我不会。"尽喜妈妈问道:"丁丁,你说说生活中我们坐的小椅子是什么样子的呀?"丁丁挠挠头,若有所思地说:"好像是……好像是正方形的,下面有四条腿。"尽喜妈妈拿起了小朋友坐的小椅子:"你看,这把小椅子我们一起来说一说都有什么图形呀?"丁丁指着小椅子说:"有一个正方形,有四个长方形,还有一个长方形。"尽喜妈妈拉着丁丁的手说:"那好,我们就按照这把椅子来做吧。"丁丁明白了,开心地去选饼干了。其实孩子们在制作立体物品的时候是没有经验的,为此,三位家长还提供了简单的图片,如小房子、小椅子的图片等。通过图示,幼儿更清晰地了解到图形应该怎样组装到一起。(图6-17)

孩子们通过观察,能够发现简单的物体是由哪几个图形组成的,只需要大人给一

图6-16 孩子们用饼干尝试搭建立体的饼干房子　　　图6-17 孩子们用饼干创作的饼干房子

点小小的提示，他们就能独立完成。活动的最后，每一个孩子都用图形组合出了饼干物品，有小房子、小椅子、桌子、小盒子……孩子们将自己的作品放在展示台上，一边展示一边跟其他孩子介绍自己的作品是由什么图形组成的。孩子们在活动中认识了各种图形和图形的拼接方法，也知道了饼干的制作过程，锻炼了空间思维能力和动手能力。

这一次家长进课堂活动，孩子们表现得非常积极、开心，也很有成就感。几位家长通过亲身实践后深有感触地说，当老师真是辛苦，组织这么多的孩子一起进行活动是很需要耐心的。但看到课堂上孩子们的表现，看到孩子们求知若渴、天真可爱的面孔，她们又觉得非常开心！

就这样，妈妈们用轻松、幽默的授课方式，与孩子们和教师们一起共度愉快的烘焙时光。当饼干烤好的香味飘散开来，大家都禁不住流下口水，急切地要先尝为快。孩子们一边品尝，一边说："原来，刚出炉热乎乎的小饼干，是这么美味啊！"

通过家长进课堂活动，我们基于孩子们五大领域的发展，也结合园所近期开展的品格教育课程，极大地补充了原有课程活动的不足。在幼儿园活动中，我们不仅利用教科书来教孩子，而且利用家长进课堂的方法，让孩子们能够更贴近生活，拓宽孩子的教育视野，也使孩子在幼儿园更加开心、快乐，为幼儿教育增添更多活力！

亲子游戏，找回和爸爸的快乐时光

"亲子游戏"是我们设计的又一种家长进课堂的活动形式，借此推进家庭教育的深化和发展，让父母、孩子在情感沟通的基础上实现双方互动，并让孩子学习知识，发展技能，促进孩子的健康成长，同时提高父母自身素质。

这不，最近枫丹分园的孩子们对科技非常着迷，还在班级里建了小小的科学体验馆。为了满足孩子们的科技梦，我们特意邀请爸爸和孩子们进行了一场特殊的"游戏约会"。在"游戏约会"中，孩子们自由、快乐、投入，具有探索精神，又极富创造力。

为什么要举行这场"游戏约会"，还要从头说起。

有一天，枫丹分园大班的孩子说，班里有一块空地，商量着如何加以利用。有的说要开"班级银行"，有的说要开"理发店"，有的说要开"超市"……最后，孩子们通过投票的方式，确定在班级的空地创建一个"小小科学体验馆"。

班级有了科学体验馆，可以玩什么呢？我们建议他们回家问问爸爸。第二天，孩子们从家里带来了一些东西：小汽车、挖掘机……一个爸爸还给孩子提出问题：你知道汽车为什么会跑吗？带着爸爸提出的问题，孩子们在科学体验馆里展开了探索。

为了鼓励爸爸和孩子们一起进行科学探索，教师给孩子们准备了很多科学材料，让孩子们把这些材料带回家，和爸爸一起完成各种小发明。小发明完成后，孩子们将发明成果带到幼儿园里和大家一起分享。有的孩子带来了"喷墨机"，有的带来了"螺旋车"，有的带来了"扭动小人"，还有的带来了"遥控小人"。

有一天，科学体验馆里发生了一件令人激动的事情：一个小朋友带来了一架飞机模型！孩子们对着飞机，你一言我一语地议论起来。佩蓉说："这是首都机场的飞机吧，我就是坐这种飞机出去玩的。"子衿说："我看，它是一架战斗机，可以打仗用的。"汝宁说："不仅可以打仗，还可以装东西呢。"瀚钦说："我家里也有飞机，是一个无人机。"遇嘉说："什么是无人机啊？飞机上没有人吗？"……飞机的话题在孩子们之间引起热议。

看到孩子们对飞机这么感兴趣，爸爸们给孩子们买了很多关于飞机的书，孩子们将书带到幼儿园里和大家一起看。教师也带着孩子们体验了直升机的螺旋桨，还用插片拼成了各种各样的飞机。周末，孩子们和爸爸一起去了航空博物馆，参观了各种各样的飞机。

为了继续满足孩子们对飞机的浓厚兴趣，我们特意请来了一位专业的无人机操作员、解放军叔叔，也请所有的爸爸们来到幼儿园，和孩子们进行一场独特的飞机旅行。

在这次活动中，解放军叔叔给孩子们讲了许多关于飞机的知识，包括飞机的部件和构成、各个部件的功能、飞机的不同种类……关于无人机，解放军叔叔重点给我们讲解了它的不同功能，有侦查无人机、拍摄无人机等。听解放军叔叔这么讲，孩子们觉得，无人机真是太神奇了！（图6-18、图6-19）

解放军叔叔还带来了专业的飞机模型，孩子们一边听叔叔讲解，一边和爸爸讨论应该怎么制作飞机模型。（图6-20、图6-21）

让孩子们最激动的，是解放军叔叔带来了真的无人机。孩子们太高兴了！大家激动地围在一起，看一看，摸一摸，尽情地表达心中的好奇和喜悦。在解放军叔叔的指

第六章 家长是课程建设的重要资源

图6-18 专业人员介绍无人机的种类

图6-19 观看无人机的种类

图6-20 和爸爸一起制作飞机模型

图6-21 和家人一起探索如何让飞机模型飞起来

挥下，孩子们试着自己操控无人机了。(图6-22、图6-23)

见到了无人机，孩子们不禁浮想联翩，也想来设计一个特别厉害的无人机。

"我的无人机有两个大翅膀，四个小翅膀，它可以飞得更高，还能在天上跳舞呢！""我的无人机有长长的腿，它除了可以在天上飞以外，还可以在地上跑。"孩子们设计的无人机都非常有创意。他们迫切希望自己长大了也能设计出这样的无人机。(图6-24、图6-25)

活动在大家依依不舍中结束了。在爸爸们和解放军叔叔的陪伴下，孩子们体验了一次愉快而充实的科技活动，一起在梦想的天空中自由翱翔。

孩子的科技梦想，不仅需要教师的支持，更需要爸爸的支持。在这场由孩子们自

图6-22　专业人员为孩子介绍无人机的操作方法 　　图6-23　亲自体验操作无人机

图6-24　幼儿写生创作无人机 　　图6-25　幼儿设计的作品

己发起的，有爸爸陪伴参加的科技之旅中，孩子们的自主精神、探索精神、创造力和坚持力得到了充分的发展，爸爸们也难得地参与了一场亲子活动，体验到父亲陪伴的重要性。

家园联系手册，让教育向家庭延伸

为了让家长主动参与幼儿教育，我们推出了家长进课堂活动，把家长变成了我们的宝贵教育资源。不同的家长具有幼儿园教师不具备的职业特点和专业技术。请家长给孩子们当"老师"，既使孩子们感到新鲜，增强学习兴趣，丰富知识与感受，同时也丰富了幼儿园的教育内容。

但同时，幼儿的好奇心是无穷无尽的，他们随时随地都会提出各种"为什么"。也因此，幼儿教育不仅仅发生在教室里、幼儿园里，也发生在家庭里、社会各个场所里。

怎样在家园共育中，让孩子得到和谐一致的教育呢？我们借鉴一些教育经验，建立了家园联系手册，把它作为增进家园联系的一种有效的形式，既让家长及时了解孩子的点滴成长以及家园配合的具体要求，也便于教师对家庭教育做出引导，让教育向家庭延伸。

每个孩子都是不一样的，利用家园联系手册，教师可以根据孩子的特点，有针对性地与家长交流。

在交流中，教师必须抓准孩子的个性特点。例如：哪些孩子喜欢音乐，哪些孩子喜欢绘画，哪些孩子喜欢舞蹈；哪些孩子上课专心听讲，哪些孩子自理能力强……这样教师有的放矢，有针对性地与家长交流，让家长一听便觉得教师特别关注了孩子，且说到了点子上，让家长心悦诚服，取得家长的信任。

有的家长工作忙，不能经常来园观看孩子的活动，了解孩子的发展情况。为此，在家园联系手册中我们每个月制作一个主题展板，通过照片和文字的形式向家长集中展示这一个月的活动内容。主题展板内容包括主题目标、要求、孩子的发展情况以及对孩子在活动中存在的不足的分析，通过主题展板家长对孩子的发展情况一目了然，同时也了解了教师的工作。

在家园联系手册中，家长也会提出各种解决不了的问题。面对这些问题，教师首先帮助家长分析出现这样问题的原因。例如，独生子女在家里非常娇惯，孩子要什么家长就给买什么，玩具比幼儿园还多，造成孩子玩玩具时不能专心玩一种玩具。长此下去，孩子缺乏耐心专注地做某一件事情。这种情况该怎么办呢？教师会建议家长，在一段时间内只提供给孩子一两件玩具，让他们玩得尽兴，玩出花样，然后再换其他玩具。同时，教师也会建议家长带孩子多进行美术涂色练习，从短时间一点点过渡到长时间，培养孩子做事的耐性。

家园联系手册中，有一份幼儿情绪和社会性发展情况观察表。利用这张观察表，教师根据幼儿的发展特点及年龄特点对幼儿进行分析，并给予家长有针对性的协助策略以及调整方法等，引导家长直观地看到自己孩子的优势和不足，从而能够更好地进行家园配合。（图6-26）

"童言无忌"是家园联系手册中的一个小栏目。幼儿阶段的孩子处在语言发展的关键期，对周围的事物半知半解，充满好奇，孩子的感受是最真实的，他们不管是好的，还是坏的，凡是看到的都会直言不讳地说出来。因此，帮助幼儿记录他们对这个半知半解的世界的点点滴滴，就显得很重要。有时，孩子们的

图6-26 幼儿情绪和社会性发展情况观察表

语言也会给成人带来启发和思考。教师会记录幼儿在园里的有趣话语，也请家长在家里记录幼儿的有趣话语，从而了解幼儿在园和家里的不同语言表达。

让家长们特别受益的，还有家园联系手册中的"亲子共读"小板块。这是一个培养亲子关系、促进幼儿养成良好习惯的教育契机。通过"亲子共读"小板块，家长有意识地与幼儿进行亲子共读，并进行有重点的记录。小班幼儿可以让家长帮助进行记录，到了中大班鼓励幼儿用自己喜欢的方式进行记录，从而培养幼儿良好的阅读习惯。

为了让家长能够更好地了解幼儿在园的发展情况，在家园联系手册中，教师在每月的活动中分别记录幼儿的生活、能力、技能、知识等多方面的发展情况，让家长能够直观地看到幼儿的成长，进而进行有效的指导与配合。结合图片及简单的语言描述，教师引导家长进行有效的家园合作，让家长更好地引导幼儿成长与发展，根据幼儿园的教育重点有针对性地关注与引导幼儿，让幼儿能够循序渐进地发展。（图6-27）

此外，通过家园联系手册中的绘画作品记录，家长能够正确欣赏幼儿的每一幅作品。幼儿的每幅作品都是有独特意义的，可以让幼儿绘画后讲讲自己所画的，教师或是家长进行记录，鼓励幼儿用绘画记录自己的所看、所听、所想，抒发自己的情感等。

在"月末家园对对碰"中，教师对幼儿进行整体客观的评价，并在评价中针对幼儿的不足给予适宜的指导策略和方法，帮助幼儿更好地发展。家长根据教师给予的评价和策略进行有效回馈，也真实反馈幼儿在家里的情况，从而使家园统一引导方向，共同查漏补缺。（图6-28）

归根结底，家园共育是现代教育的必然，也是家庭教育健康发展的客观要求，只有"心往一处想，劲往一处使"，不断探索家园共育的新举措，更新家长的育儿观念，提高他们科学育儿的知识与技能，才能建立教育共识，共同促进儿童的全面发展。

图6-27 幼儿成长故事记录

图6-28 月底家园沟通情况反馈

第七章　让科学早教走进千家万户

在富力桃园幼儿园门口，挂着好几块牌匾，有"北京市示范幼儿园""北京市一级一类幼儿园"等，这些既是上级教育部门对我们的肯定与褒奖，也记载了幼儿园一步步成长的历程。（图7-1）

在这些牌匾中，让我们特别自豪和珍视的还有一块牌匾，那就是"北京市社区儿童早期教育示范基地"。这块牌匾的获得格外不易，它是对我们家园共育工作的一种专门认定。

这些年来，在家园共育中，我们既关注入园的幼儿，更关心社区里那些没有入园的、更需要科学指导的幼儿。从建园开始，我们就将社区早教当成家园共育的一部分，组织教师们走进社区，也向社区家长敞开大门，传播科学早教知识，让更多孩子和家长享受我们的优质教育资源。

坦率地说，最初这么做我们难免也有私心，希望借此树立幼儿园在社区的良好形象。但是，随着这项工作越来越深入，我们逐渐认识到，这是一项需要高度社会责任感的、刻不容缓的重要工作。做好社区早教不仅让幼儿园有了更和谐的外部发展环境，而且也从中感受到从家庭到全社会对优质幼教资源的渴望。尽我们的一份力量去帮助他们、引导他们，让更多家庭和儿童都能够幸福成长，也让我们的职业精神得到了升华，鼓励着我们更加乐此不疲地做好这份社会事业。

人们常说，教育是一项系统工程。诚如斯言，作为这个系统中的一分子，通过社区早教去影响更多人，可以让这个系统变得更美好、更顺畅，我们何乐而不为呢？

图7-1　园所门口牌匾

问卷调查，找准家长的"痛点"开展早教

先来说说我园开展社区早教的背景吧，我们幼儿园的服务对象，是海淀区的富力桃园和枫丹丽舍两个社区，粗略统计，这里每年有两三百个0~3岁婴幼儿家庭。毫无疑问，这些家庭都是我们的"潜在客户"，这些孩子将来都可能会到我们幼儿园接受教育。

当初，作为一所新办园，为了保障招生，得到社区家长们的认可与支持，我们审时度势，把深入社区送教上门作为一项发展策略。几年来，在海淀区"让科学的早期教育走进千家万户"精神的指导下，我们逐渐明确了"依托社区，立足公益，专业引领，强化指导，形式多样"的社区早教工作思路，积极开展内容丰富、有需求化、有针对性的早期教育指导与服务。（图7-2）

事不预则不立！为了做好社区早教，我园将社区儿童早期教育工作纳入幼儿园常规管理。我园建立了园长负总责、保教主任负责早教整体工作的组织机制，设专职早教负责人1名，负责早教工作的日常运作及与社区的联络等，另有数名早教兼职教师，负责各类活动的计划、组织、实施与总结，社区家庭科学育儿的宣传与指导等。所有早教教师实行"双证上岗"，即每人均持教师资格证和早教上岗培训证。另外还吸纳我园保健医和社区志愿者，组成了两支热爱早教和公益事业的层次高、能力强、后劲足、相对稳定的早教专兼职服务团队。

图7-2 走进社区做调研

有了组织机制和服务团队，怎样有效地开展社区早教工作呢？我们工作的第一步，是通过调研摸清社区状况和家长需求，从而明确早教的定位和工作思路。

应该说，虽然我们地处人口密度较高的大型社区，0~3岁的婴幼儿家庭较多，但在开展社区早教之初，我们面临着两大问题和挑战。

其一，如何拓宽早教的广度？即实现社区早教的零拒绝和早教指导的全覆盖。在场地受限、人员紧张、时间有限、适龄家庭需求量大的情况下，如何让每个家庭都能接受科学的早教指导服务，实现适龄儿童家庭早期教育指导的普及？

其二，如何保障早教的深度？只有真正了解社区家庭教育的状况，了解家长育儿的困惑及教育指导需求是什么，才能为每个婴幼儿及家庭提供高质量、需求化的早期教育服务，最终改善家长的育儿观念与行为。

遇到了问题，最好的办法就是从调研开始。为此，我园每年9月份定期开展家庭教育问卷调查。我们的教师和志愿者深入社区，尽可能走进每个社区家庭，发放调查问卷。从每年调查问卷的汇总分析中，我们了解到以下一些重要的信息。

一方面，调查结果显示，在这两个社区进行早期教育的氛围已经形成，100%的家长认为我园社区早教在促进幼儿发展、提高家长育儿能力方面能起到重要作用。我们也了解到，我园所辐射的两个社区幼儿家庭教养的主要方式是祖辈带养，另有少部分幼儿由专职母亲自己带养和保姆代养；两个社区家庭中，绝大多数父母的学历都较高，而且网络是家长获取早教咨询的重要途径之一。

另一方面，对早期教育，家长关注和需求的指导内容面广，内容涵盖幼儿发展的各个领域，包括婴幼儿养育与保健、饮食与健康、安全自护、心理健康、亲子游戏、亲子律动、亲子阅读，等等。相应地，家长对早教指导形式要求多元，希望通过开展面对面的亲子活动、开设网络学习与互动平台、开办家长讲座、开放幼儿园等各种方式，了解科学的育儿知识，同时得到有效的指导。

拿到这样的问卷分析结果，我们不禁对开展社区早教有了一些底气。看得出，社区家长对早教服务需求很迫切，而他们所希望得到的，也正是我们的专业优势所在，我们大有用武之地。

同时，通过对调查问卷的分析，我们也进一步明确了早期教育的定位及发展思路，即以需求为导向，以家长为指导对象，以网络为载体，依托社区，整合资源，开展形式多样、内容丰富的早教活动，以实现幼儿的发展和家长科学育儿水平的双提高。

实践证明，因为基础工作做得扎实，我们的社区早教一直进展顺利。据统计，9年多来，我们共为两个社区儿童家庭提供数百次的早期教育指导与服务，有效地改善了家长的教育行为和教养方式，实现了幼儿的发展和家长科学育儿水平的双提高。目前两个社区的早教覆盖率均超过98%。

多元化、多渠道的社区早教服务实践

了解社区家长对早期教育的需求后，我们充分整合和利用各种社会资源，为家长开展了灵活便捷、形式多样、正规和非正规、定期和不定期相结合的0~3岁早期教育服务。

开门办园的第二个学期，我们就利用富力桃园居委会的活动室，建立了桃园社区固定活动站，每月定期组织亲子教育活动。对照区里社区活动站建站标准，我们不断完善早教指导站的功能，发挥早教指导站的作用。同时，我们从2013年3月起，在枫丹丽舍社区利用社区广场建立游戏小组，面向社区的散居和流动儿童，提供服务指导。一般在每个月中旬，定期组织游戏小组的活动。（图7-3、图7-4）

在幼儿园的家长学校成立后，我们也适时地将家长学校活动向社区开放，让更多幼儿和家长受益。我们会有针对性地根据家庭教养方面存在的问题和家长必须掌握的知识，采用讲座、咨询的形式来指导家长。每年五月和十月分别举办定期的、有主题的专家讲座，并根据家长的需求组织不定期的专家讲座和咨询活动，包括育儿知识专题讲座与咨询及卫生保健专题讲座与咨询等。（图7-5）

为鼓励社区家长的参与积极性，我们还不定期举办专题的家长沙龙。一方面，我们开展同龄孩子父母间的沙龙，让他们利用相关教育资源互帮互学。对一些非常重视0~3岁宝宝的教养，宝宝也带得相当好的家长，我们就请他们在家长沙龙中针对幼儿教养中的一些热点问题谈看法，论经验。（图7-6）

另一方面，我们组织开展在园幼儿家长与社区婴幼儿家长间的交流活动。一些幼儿园小中班孩子的家长，也曾参加过早期的亲子活动。幼儿入园后，他们通过家园共育，教育观念和教育行为都得到有效改善，有很好的育儿心得体会。这样的家长，也成了社区早教的生成性资源。针对婴幼儿家长育儿过程中出现的问题，我们开展大龄

图7-3　富力桃园社区早教活动站挂牌仪式

图7-4　枫丹丽舍社区游戏小组活动

图7-5　北京师范大学钱志亮教授进行讲座

图7-6　专题家长沙龙

儿童家长与社区家长手拉手沙龙活动，利用这些"过来人"的亲身实践去指导低龄婴幼儿父母，这样更具有说服力和针对性。

比如，在幼儿入园前，我们适时举办了如何顺利度过分离焦虑期的家长沙龙活动。在园小班幼儿家长在"入园"这个问题上是最有心得的，指导低龄婴幼儿父母也最有说服力。这种家长与家长之间的"传帮带"非常直接、有效。

除此之外，我们还策划举办了亲子运动会、亲子活动开放日等社区大型亲子娱乐公益活动，通过入户指导、电话热线咨询、早教宣传活动等方式，用好社区宣传栏、微信、QQ群等，抓住一切可能的机会向家长普及科学的早教知识，逐步在社区家长中倡导"尊重儿童，满足需求；养育为主，教养融合；关注发育，顺应发展；因人而异，关注个体，不盲目攀比"的早教观念。（图7-7）

图7-7　亲子活动开放日

网络让社区早教从"零拒绝"到"零距离"

但说实话，尽管我们是出于好意，但社区业主是否能理解和接受，一开始我们也是心里没谱儿。好在幼儿园里年轻教师居多，他们头脑灵活，很快想出了利用网络平台来实施社区早教的创新思路。

在前期的调查中，我们了解到，社区家庭100%都使用网络。而网络是现代年轻人接受教育与指导、与社会沟通的主要方式之一，其互动性、开放性、便捷性让婴幼儿家长足不出户，就能享受到婴幼儿早期教育的指导。

为此，我园社区早教负责人牵头，以年龄段划分，创设三个QQ群，分别为0~1岁宝宝群、1~2岁贝贝群和2~3岁乐乐群。

群建好了，我园社区早教小组与居委会联动，在送教进社区活动中进行宣传，将QQ群号张贴在幼儿园门口和社区宣传栏中，由在园幼儿家长将QQ群号发布到业主群中，三个群的队伍迅速壮大。这样社区所有0~3岁家庭就能无一遗漏地享受我们提供的早教指导和服务，而QQ群的及时、便捷能激发家长参与的积极性，使每个家庭都能得到最贴切的指导。就这样，借助现代信息技术，我们进一步实现了社区早教从"零拒绝"到"零距离"的发展。

QQ群线上指导，内容丰富，满足了不同年龄层次家长的需求。线上指导不受指导时间、范围的限制，各类上传的教育指导信息具备了容量大、流动强、更新快以及形式多样化的特点。我们将涉及0~3岁婴幼儿的养育与保健、饮食与健康、安全自护、心理健康、亲子游戏、亲子律动、亲子阅读等内容以文本、声音、视频等形式发布在群中，家长可以随时按需取用，满足不同年龄儿童家长的需求，具体内容如下。

第一，提供婴幼儿健康教育的内容。发布家长普遍关注的一些婴幼儿生长发育特点、卫生保健常识、心理安全、活动安全防护等相关文章等，并根据不同发育年龄阶段婴幼儿饮食喂养的要求，以图片的形式，指导家长如何制作健康营养、美味可口的幼儿餐点。

第二，将涵盖语言、运动、认知、阅读、亲子游戏、律动等内容的指导要点，以文字、音乐和教师们亲自录制的视频等形式进行呈现，并给出一些简单易操作的游戏，方便家长实施；介绍一些经典图书，给出亲子阅读时的目标要求及图书教育价值的分析说明，让家长能有目的地指导幼儿阅读。

第三，接待家长线上咨询。每周三上午，我园社区早教教师准时在QQ群中等着大家，线上解答家长咨询；另外，家长可随时提出问题，早教教师或者其他家长都会进行及时的经验分享。

第四，组织线上的家长沙龙活动。针对家长咨询过程中比较集中或者突出的问题，组织家长进行某一专题的沙龙活动。

一方面，我们开展同龄孩子父母间的沙龙，让他们利用资源互帮互学。我们发现有部分家长非常重视0~3岁婴幼儿的教养，而且宝宝也带得相当好，因此家长们可在群里针对教养中的一些热点问题谈看法，论经验；另一方面，我们将在园幼儿家长吸纳入群，开展他们与社区婴幼儿家长间的交流活动。幼儿园小中班孩子的家长都参加过早期的亲子活动，他们的教育观念和教育行为都得到了有效的改善，并有很好的育儿心得体会。为此，针对社区婴幼儿家长育儿过程中出现的问题，开展大龄儿童家长与社区家长手拉手沙龙活动，亲身实践后的父母在指导低龄婴幼儿父母过程中更具有说服力和针对性。

比如，有一次，家长提出这样的问题："宝宝在家很活泼、爱玩爱笑，但是外出时任我们怎么启发引导，她从来不跟别人打招呼，别人跟她说话她也不搭理，这是怎么回事？我该怎么办呢？"

话题一抛出，即刻引起妈妈们的热议，有感同身受的，也有困惑无助的。一个妈妈说："宝宝对陌生世界、陌生人也需要适应的。我觉得不要强迫宝贝，只要妈妈每天友好地和别人打招呼，孩子也会逐渐模仿的。"

另一个妈妈说："我觉得，碰到这种情况，要慢慢引导孩子，不要强迫孩子。有时候，某些大人的态度会伤害孩子的积极性。孩子主动上前打招呼，大人却不理不睬的。"

最后，一个有过类似问题的妈妈现身说法，分享了她的经验："我家宝宝一开始也有这种情况，很怕和陌生人交流。我们后来慢慢引导他，在外面碰到生人，我先鼓励他打招呼，如果他做不到，我就会换一种方式，我说，妈妈数1，2，3，咱俩一起跟对方打招呼。这时候如果他还不肯，我也不会勉强他，而是鼓励地对他说，你已经努力了，下一次妈妈希望你比这次做得更好。这样多次尝试以后，他在这方面逐渐变得越来越自信和主动。"

就这样，通过在育儿沙龙中互帮互助，许多家长们的问题也迎刃而解。因为是在网络上，家长们在这里交流可以畅所欲言，不用过多顾及自己所言是否有理，只要是自己的经验体会，认为可能会对他人有所帮助，都可以发表看法，他们成了沙龙共同的主人。家长不仅是这个平台的知识分享者，同时也是知识的建构者，他们的宝贵实践经验同时也可以为他人所用，实现价值增值。通过这个平台，家长的教养问题不断地得到解决，那种初为人母或初为人父的无奈、焦虑渐渐弱化，因为他们知道，幼儿园的线上指导平台以及社区有着同样经历的家长群体成为他们问题解决的最大资源群体，能给他们最及时、最有力的帮助。

第五，发布线下活动通知。每次活动前，除在社区张贴活动通知，还将通知及时在相应年龄段的QQ群中发布，并接受家长活动报名，这种方式更加方便、快捷、及时。

每年9月份，由早教负责人及时升级并建新群，保证了三个QQ群的有序、有效运行。

另外，我园注重线上指导与其他指导形式的有机结合。虽然线上指导具有各种优势，但所依托的实体毕竟还是机器，为此，我们还将网络指导与现场指导和个别指导有效地结合，扬长避短，实现了网上网下的同步指导。

例如，将亲子活动中的游戏发到群中，下次活动时家长将创新后的新游戏带回来，由家长教其他家庭怎么去创新玩法，形成家长之间的互相学习。另外，对于电话咨询中出现频率较高的问题，教师们会把它发布到网上"育儿沙龙"栏目，引导家长进行讨论交流。育儿沙龙中争议较大的话题，又成为线下社区早教活动的生成性资源。

完善机制，为社区早教提供发展保障

在全园上下的努力下，富力桃园幼儿园成了周边家长向往的优质幼儿园。每到招生季节，幼儿园都人满为患，这成了一种幸福的烦恼。

每次组织社区早教活动，看着更多孩子在活动中洋溢着快乐的笑脸，听着那些孩子家长真诚地向我们道谢，我们的内心都深深地被感动，觉得自己在做着一份具有社会责任感的事。

这也使我们觉得，要做好社区早教，绝不能凭着一时的热乎劲儿，有一搭没一搭地进行，而是要系统规划，持续深入地开展下去。为此，我们从这项工作开展之初，就重视社区早教工作的常规管理，把它纳入全园发展规划中，有计划地落实到年度发展目标中。

如今，每学期开学前，我们在制订幼儿园工作计划时，也会自然地把社区早教考虑进来，做好早教活动计划，并严格遵照实施，不断丰富早教形式与内容。每次社区早教活动我们都制订详细的计划，明确分工，确保活动科学、有序进行，真正让社区儿童及其家庭受益。

特别需要指出的是，自从成为市级早教示范基地以后，我们的社区早教又上了一个新台阶，开展得更加规范，教师们的参与积极性更高了。

为了更好地做好社区早教工作，我们认真学习了《海淀区社区儿童早期教育基地管理手册》，结合我园实际，加强社区早教的制度建设。

近几年，我们先后建立了安全预案制度（每次大型活动前进行安全会议，保证活动顺利安全进行），定期下社区制度（每学年与社区进行联系和沟通，了解社区婴幼儿的出生状况及家庭情况），定期宣传制度（营造早教的社会氛围，幼儿园定期通过发放宣传资料、电子屏幕宣传、社区宣传专栏、早教专刊、社区咨询和讲座等形式进行宣传），并结合我园的社区早教网络特色制订早教空中课堂管理制度。

多种管理制度的建立和完善，让社区早教"有法可依"，也为实现早教的全覆盖提供了制度的保障。

在此基础上，我们进一步建立与社区的长效合作机制，与社区携起手来，让早教在社区深深扎根，开花结果。

开展社区早教，一定程度上就意味着，必须改变过去"关门办园"的模式，以开放的心态主动走出去，走进社区，依托社区，包括依托社区的家长资源、环境资源、管理资源、房舍资源等，寻求社区的理解、支持与帮助。

为此，我们多次走访富力桃园社区居委会，向他们宣传前沿的幼儿教育理念，详述我园面向社区开展早教活动的思路、设想及工作计划，并请他们提出意见与建议。社区被我们的热心和诚意所打动，对我们越来越支持，双方逐步建立起亲密的合作关系。

如今，我们的许多早教活动，都是和社区一起策划、一起实施的，共建共享，如散居幼儿情况调查、社区早教宣传日、散居幼儿保健讲座等活动，都得到了社区的大力支持。

社区的支持与参与，也使得我们借助外力，构建了一支专兼结合的社区早教师资团队。我们的早教师资，包括园内的专兼职教师、保健医队伍和社区志愿者队伍，在普及婴幼儿早期教育、提高家长的科学育儿水平上大有用武之地。

这支队伍的主体，是园内一批经验丰富的专职早教教师。我们也特别注重通过多种培养培训形式，提升他们开展早教工作的能力。

一方面，我们以培训、教研等方式带动教师成长。例如，强化对亲子教师的常规管理；要求教师每一次活动都要有计划，制订撰写具体实施方案、安全预案、活动反馈、总结反思等。通过这些方式，我们帮助教师及时梳理经验，提高教师的活动组织和实践操作能力。

另一方面，我们通过开展个案追踪等，提高教师的个性化指导能力。例如，定期开展园内观摩课，组织姐妹园互动学习，并鼓励教师参加区内组织的早教教师培训，参加区域内早教互动小组的教研活动，提高教师的相关理论素养及研究水平，丰富他们的专业指导策略，提高他们的实践操作能力。

对于兼职的早教教师和社区志愿者，我们更多是通过各种活动实践，促进他们工作能力的提升。

我园的社区志愿者队伍由园内联络员、社区联络员和社区志愿者组成，职责是共同协调社区的各项早教活动的组织与实施。在各项早教活动中，社区志愿者协助了解家长需求、发放和统计调查问卷、参与各项活动的组织等，成了我们不可或缺的得力助手和生力军。

对于志愿者，我们主要通过活动带培的方式提高他们的专业指导能力。例如，在共同布置早教宣传栏的过程中，志愿者通过查阅早教资料，提高有关婴幼儿早教的知识和指导水平。

最近几年，因为我们高质量、有特色的社区早教活动，市、区教委领导与学前教育专家给了我们极大的鼓励和褒奖。在市区级的活动中，我们多次与其他姐妹园所进行经验分享。每当有同行来观摩学习，我们也毫无保留地向他们介绍社区早教经验，为他们提供方法借鉴和实施建议。

我们衷心希望，能有更多的幼教同行重视社区早教，投身到这项有意义的公益服务中来，为广大家长提供更多科学、专业的育儿指导，让科学的早期教育走进千家万户。我们也希望用整体性的努力，在全社会树立幼教人的良好形象，切实赢得社会和家长应有的尊重。

第八章 让每一个家庭遇见更好的自己

记得著名教育家苏霍姆林斯基曾说过:"教育的效果取决于学校和家庭的教育影响的一致性。如果没有这种一致性,那么学校的教学和教育过程就会像纸做的房子一样倒塌下来。"

在多年的家园共育工作中,我们对这句话深有体会。幼儿园的每一项工作,如果没有家长的理解、支持和配合,没有彼此的信赖,所有的努力最终都会化为泡影。

也正像我们提倡的以"润心"为核心的"润"文化理念一样,教育是一个润物无声、相互滋养的过程,我们付出了爱心,用宽容和期待给孩子成长的力量,让每一朵生命之花美丽绽放。与此同时,我们也收获了来自家长的信任与感谢,他们的真诚,给了我们精神上的润泽,让我们感到温暖和幸福。

这样的教育充满了心灵的默契,也闪烁着人性的光辉。我们用爱的教育润养童心,一切努力都能得到家长爱的呼应。无论从什么家庭走出来的孩子,只要进入富力桃园幼儿园,得到的都是专业的、负责任的幼儿教育,我们会选取适合孩子发展阶段的课题、特色课程、绘本等,通过在园学习以及亲子互动让他们得到健康、快乐地成长。

而家长就是我们坚定的盟友,他们在幼儿园一系列的活动中,学到了科学的教育理念以及育儿经验,找到了育儿"捷径",在幼儿园的帮助下明晰了儿童的成长规划,与幼儿园达成了教育共识,一起为孩子营造融洽而美好的教育环境。

能遇到这样"懂你"的家长,我们常常感到莫大的幸运。从家长的回应中,我们也真切地觉得,任何努力都是值得的。

∽ 找到开启幼儿教育之锁的金钥匙 ∽

每一届幼儿进入幼儿园,和孩子们一样,他们的家长既充满期待,又有些莫名地惶恐。孩子的成长只有一次，家长的陪伴同样是一个不可逆的过程。如何让家长们更好地守望孩子的童年？

显然，最重要的就是建立合力，让家长尽快与幼儿园形成信赖性的合作关系，让家长们明白，家园共建、家园共育是孩子成长不可或缺的一部分。这是一个相互激励、相互感召的过程，孩子们在幼儿园经过三年的成长，家长也逐渐对我们越来越认同，我们成了"拥有共同精神尺码"的人，因爱携手，共享成长。

大班幼儿的妈妈，在孩子毕业前夕给我们写了一封长长的信，深情地叙述了她在陪伴孩子成长的过程中，对幼儿园教育的感悟与理解。

千与千寻（大三班幼儿的妈妈）

我一直认为，是教育给了人真正的自我和寻求自我的方式。德国哲学家雅思贝尔斯说，教育就是一棵树摇动另一棵树，一朵云推动另一朵云，一个灵魂唤醒另一个灵魂。每个孩子都是一座宝库，如何挖掘是教师和家长共同的使命，作为一个母亲，唤醒孩子内在的真善美，让孩子拥有健康的身心和正确的价值观，是我最大的心愿，相信同样也是所有父母的心声。

幸运的是，我们来到了富力桃园幼儿园。在这里，孩子们被带入一个充满希望、阳光、活力的世界，领略五彩斑斓的科学梦幻空间，体验认知社会生活情感，塑造形象。每天一早，幼儿园热闹的厅门往来的都是忙碌的身影，晨起健康检查，哭闹的精神抚慰，给予每一个小小的灵魂大大的尊重。幼儿园的门更开启了教师和家长之间的信任互动，一次次的沟通反馈，让家园间逐渐形成统一的教育观念，让家长更专业，让教师对孩子了解更全面。

饮其流者怀其源，学其成时念吾师。孩子们三岁入园、六岁离园，教育离不开园里和家庭的配合互动，幼儿园的开放日让我对幼儿教育有了全新的认知，打开一扇全新的门窗，也让我更加了解自己的孩子。

我发现，女儿进入中班后开始热爱读书。见她对图书情有独钟，我和她爸爸便开始养成了购买绘本图书的习惯，从单册到系列故事，从大量插图少许文字到少量配图大段文字。到目前为止，女儿累计阅览了大约千余本各类绘本图书，很多她比较喜欢的反复阅读几次甚至十几次，只要手中有书便可安静下来，她徜徉在书籍的海洋中，时而大声惊呼时而捧腹大笑，看到精彩处，也不忘拉着爸爸妈妈一起感受她的感受。这让我体会到家园共建给我和孩子带来的益处，赋予了我这样一个新手妈妈全新的能量。（图8-1）

慢慢地，女儿成了我的"小老师"，时常纠正我躺着看书的姿势，吃饭时要求我放下翘起的二郎腿，并加上一句："老师说过这样对身体不好。"她会让所有

图8-1 幼儿家中的图书角

人安静下来才说出自己的想法，有自尊、有主见。她的性格一直是大大咧咧的，但让我惊奇的是，中班下学期的一次假期，我们约了一些小朋友一起出去玩耍，两位小朋友因为玩具而打闹，年龄较小的孩子立马哭起来，女儿在一旁观察，走上前安慰那名小朋友并邀请他一起玩。不仅如此，她又去邀请了另一个小朋友加入他们，很自然地化解了孩子之间的不愉快。

这件事让我特别欣慰，作为独生女，我想她已经学会了如何对待朋友，正在形成积极正面的人生价值观。见微知著，孩子的每一个举动，像镜子一般折射出孩子们所学习、接受的知识以及体验到的情感，闪耀着教育的光芒。

她的变化也让我更加努力、更加自律。作为一名新手家长，任重而道远。对孩子的生活、情感、心理方面等，我自认为从幼儿园学到的远远不止几页可书。

师者常施，受者得福。深深感谢幼儿园老师们的付出。三年幼儿启蒙教育，我的孩子在这里得到了知识与爱的洗礼，她诚实守信，善良正直，勇敢而友爱。她在每一首律动中学会协调动作，在三年不间断的律动训练中学会协调身体，掌握平衡和规律；她在每一个游戏里开心玩耍，在三年系统游戏操作中学到了动手能力、规则意识、团队协作；她在每一次大型活动中得到了自我表现，在三年各个节点的大型活动中积累了人生起步阶段的表演经验，获得了一次次成就感……这些美好的时刻终将成为埋在心底的坚定和刻在骨子里的自信，伴随她成长，影响她的未来人生。

三年前，家园共建对我来说只是一个陌生词，在施行家园共建的过程中我从摸索到完全理解再到全力支持，渐渐明白，为了我们的孩子，家园携手、完美互动，是开启幼儿教育之锁的金钥匙。

第一次看到家长这封信，我们特别惊讶。真没想到，三年来我们所做的点点滴滴，都被家长记得这么清楚。原来我们做的每一件事，家长都能悟出背后的深意。三年时间，我们在共同陪伴孩子的过程中相识、相知，度过一段幸福的人生旅程。

像这样的家长还有很多，从他们身上可以看出，孩子的教育离不开家庭，也离不开幼儿园，正如著名幼教专家陈鹤琴所说："幼儿教育是一件很复杂的事情，不是家庭一方面可以单独胜任的，也不是幼儿园一方面可以单独胜任的；必定要两个方面共同合作才能得到充分的功效。"家庭和幼儿园必须同步才能形成真正的教育力量，既需要行为的同步，更需要理念和情感的同步。只有这样，才能找到开启幼儿教育之锁的金钥匙。

陪孩子和家长度过心理发展关键期

每一个孩子都是独一无二的，在父母的精心呵护下慢慢长大，每一个孩子从迈入幼儿园的那一天起就开启新的天地，步入一个全新的世界。而这一过程往往是孩子们最焦虑，也是家长们最焦虑的时期。

幼儿园十分重视幼儿的情绪发展，我曾带领全园教师参加情绪管理的培训，也在家园共育活动中组织家长学习北京卫视播出的《公共安全开学第一课》，引导家长们认识情绪，关注幼儿的情绪，重视幼儿的情绪管理。同时，我们推荐家长们带孩子一起观看《头脑特工队》这部电影，通过电影让家长们认识到，情绪管理对孩子性格养成、情商发展以及人际关系处理都至关重要，要教会孩子积极乐观地生活，理性地对待挫折，严以律己，宽以待人，正确设置期望和目标。

我们的每个班里都创设了情绪小屋，当孩子们伤心、生气时，会自主走到情绪小屋里，选择听听音乐、看看书等活动来释放自己的情绪。我们也通过家长会、家长约谈等方式与家长们沟通情绪管理的重要性，一段时间下来家长们真切感受到孩子们情绪的变化，在与家长们的沟通中我们也听到很多家长的真实感悟，下面是大四班幼儿的妈妈曾经的一段心路历程。

天空中最亮的星（大四班幼儿的妈妈）

每一个孩子都是天空中的小星星，父母只要用耐心、细心、爱心陪伴他们成长，他们就会发光发热，点亮自己照耀天空，成为独一无二的那颗星。

我是个新手妈妈，和很多家长一样，从孩子出生的那一刻起充满着幸福感又伴随着焦虑。我们总希望孩子身心健康、快乐成长，身体健康相对容易，如何让孩子快乐，如何让孩子受到良好的教育，是我一直探究与学习的课题。

直到孩子上幼儿园，作为母亲的我，开始有些不镇定了。我发现孩子适应幼儿园的节奏很慢，大多数孩子在经历了小班一年的生活和学习后就能融入集体环境中。可是我家孩子常常在幼儿园哭，他没有办法跟着教师参加幼儿园的各项活动。看着每日闷闷不乐的宝贝，我的心也痛如刀割，我告诉自己不要着急，并及时和幼儿园教师进行沟通。通过和教师的接触，我深深感受到小班中班教师对孩子无微不至的照料，也给作为家长的我吃了颗定心丸。

到了大班的第一周，孩子入园情况依然不好，就在我手足无措时，迎来了大班第一次家长会，这次家长会对我和孩子来说是一个转折点，班主任霖霖老师向家长们详细介绍了大班的教学重点。这次家长会让我认识到，幼小衔接绝对不是简单的拼音和算术，而是孩子习惯培养与心理成长。那是我第一次听到"情绪管理"这个名词，这么小的孩子难道也需要情绪管理吗？家长会后，我主动向霖霖老师请教。通过半个多小时的交谈，让我更加坚定一点，只要家长和幼儿园共同努力，孩子一定会越来越好，临走时霖霖老师说："孩子交给我请您放心。"

大班第一个学期，幼儿园组织亲子活动观看《头脑特工队》，通过观影我意识到，人们的每一种情绪都不能被忽视，只有真正面对才能到达内心深处，每一种情绪都不要拒绝，要学会接纳以及如何调节。在观看过程中我与孩子不断交流，让孩子认识情绪，并在日常生活中教会孩子表达情绪、体验情绪、洞察情绪。一段时间后我发现，孩子慢慢能正确表达情绪并控制情绪了。

教室里的情绪角是教师和家长共同为小朋友创造的小天地，家长会上霖霖老师向我们特别介绍了这片特殊区域，孩子通过情绪角可以随时释放自己，很多宝贝现在已经学会接纳和调节自己的情绪了。通过教师、家长、孩子一个学期的共同努力，孩子的入园情况让我十分惊讶，每天都是高高兴兴入园，回家后还会和我分享在幼儿园一天的生活。

在陪伴孩子成长的过程中，作为家长的我也在成长，我接触到了"逆商"的理念，或称挫折商，它是孩子在遇到困难时的一种抗挫能力。我明白了，原来我家孩子不爱上幼儿园，其中一个原因是害怕自己在幼儿园做不好。当然这并不是什么坏事，只要做好逆商培养，让孩子能够正确面对困难解决困难，并树立自信心，孩子就会越来越坚强。

为此，在幼儿园特色活动每周一次的新闻播报中，我和孩子都会认真准备，一开始从选题、绘画到语言组织都需要父母的帮助，往往前一天背好的内容到了第二天由于紧张，四句忘了三句，但是我们没有放弃，而是一周一周地坚持。每次播报，教师都会非常用心地录制视频发到班级群里；每位小朋友播报完后，教师都会让全班为他鼓掌并感谢分享。通过特色活动，孩子有了明显的进步，语言表达能力提高了，也变得更加自信了。（图8-2）

后来，孩子还入选了幼儿园足球队，这对孩子是极大的肯定。当收到老师短信的那一刻，我能感受到老师比我还要激动。体育锻炼培养了孩子吃苦耐劳的精神，每周的足球训练课是孩子最期待的课程，每次听到孩子绘声绘色地讲述比赛情况我都觉得特别幸福，孩子们现在对于输赢已经有了明显的认知，赢了不骄傲，输了不气馁。

图8-2 幼儿晨间播报新闻

幼儿园三年的生活还有半个学期就要结束了，真的感到十分不舍，看到孩子们一天天地成长，由衷感谢亲爱的园长妈妈和老师们，这份满意的成绩单离不开老师们的谆谆教导与家长们的积极配合，只有做好家园工作，我们的孩子才能更加健康快乐地成长。

的确，孩子成长的每一步，每一个沟沟坎坎都牵动着家长的心，也都需要我们及时予以关注，引导家长平安度过。在家园共育中，幼儿园和家长是实施教育的两大主体，孩子是教育对象，我们就像是两只手，齐心托起一棵棵小苗，为小苗的健康、茁壮成长共同努力。

作为教师，我们的重要职责就是帮助家长正确理解孩子、认识孩子、接纳孩子，进而让他们找到教育孩子的科学理念和方法，消除面对孩子成长时的紧张和焦虑，学会以静待花开的态度，耐心地陪伴孩子走好人生的关键期。

帮助家长做一个专业的"家庭教育者"

正所谓"术业有专攻"。幼儿园管理者和教师们是科班出身的教育工作者。相对而言，我们的家长虽然学历普遍较高，对于幼儿教育也有着自己独到的看法，但在和他们进行交流的过程当中，我们发现，大部分家长对教育，尤其是家庭教育缺乏经验和科学教育观念的引领，很多时候难免迷茫或产生一些误区。

这也难怪，做教师都要持证上岗，但做父母的在养育孩子之前，有谁去专门进行过家庭教育的专业培训，取得过相应的资质呢？

这就意味着，我们有责任帮助家长做好一个专业的"家庭教育者"，正如《幼儿园教育指导纲要（试行）》中指出的："家庭是幼儿园重要的合作伙伴。应本着尊重、平等、合作的原则，争取家长的理解、支持和主动参与，并积极支持、帮助家长提高教育能力。"

为此，我们始终把家长当成亲密的合作伙伴。在我们不断反思、完善共育工作的同时，家长们也在积极的互动过程中逐步转变教育观念、更新和完善自己的教育方法，逐渐变得更加专业，他们自身也成为教育的受益者。

可以说，在富力桃园幼儿园的"润"文化感召下，孩子、教师和家长都在不断地进步，都有满满的收获，正如下面这位大三班幼儿的妈妈所说的，都在成为更好的自己。

成为更好的妈妈（大三班幼儿的妈妈）

在没当妈妈时，很多人告诉我，最能让人感受到时间在飞奔的是孩子的成长，那时候我对此还毫无感知。但现在，我觉得自己深刻感受到了这句话的含义。

转瞬间，孩子已经完成了从小班到大班两年半的时间旅程，而这个飞奔的时间，给我的最好的礼物，便是孩子超预期的成长速度。在这里面，幼儿园起到了非常巨大的推动作用。我收获到的不止孩子的成长，还让我个人也学会了怎么做更好的妈妈。

孩子刚入幼儿园时，我的焦虑程度绝对不亚于她。这种分离焦虑，让我甚至很难专注其他的事情。

幼儿园非常了解家长的心态，建立了成熟的反馈机制。刚入园的头一个月，每天都有关于孩子吃饭、睡觉、喝水的详细信息单，让我们及时了解孩子的信息。同时，每日更新的博客，也通过画面呈现孩子在园的情况，让我们多角度了解了孩子的在园状态，很好地安抚了我们的情绪。

同时，幼儿园的教师也利用各种机会跟家长交流。记得当时约王老师来了解孩子的情况时，面对我的各种焦虑情绪，她有一句话，我受用至今："不要将自己的孩子和其他孩子做对比，而是让孩子自己和自己做对比。"于是，我将焦点关注在孩子自身的变化成长上，焦虑情绪不觉缓解了许多。焦虑情绪的极大缓解，让父母和孩子的相处氛围变得更为轻松。

在孩子的成长过程中，我和她爸爸采取的是放养的方式，入园前她没有上过早教班，没有进行过特长培养，也没进行过睡眠训练，也不刻意去说教。但是，面对当下"不能输在起跑线上"的言论，在孩子刚入园又表现出不能很好适应和融入新环境的时候，我们非常纠结，甚至开始怀疑、否定自己。这时候，幼儿园的教师们给了我们极大的信心，让我们尊重孩子的天性，顺应孩子的自然成长规律。

于是，幼儿园的教育就像一个坐标体系，我们将孩子置于其中，既能发现孩子在某方面的特别之处，也能找到他们的不足之处。在这个体系里，教师给了我们很多的方法论。

还记得跟李老师交流时，她建议我，对于时间方面的管理，可以通过给孩子设定计时器让他去感受；注意力的培养，可以通过延迟满足来进行引导；孩子的智力发育，可以通过玩一些数独游戏和棋类游戏来进行训练……这种体系化的、可复制的方法论，是作为家长的我们不具备的，而教师通过多年的教学总结出来的经验，让我们受益终身。

在一定程度上说，父母给了孩子感性的、无意识的、来自血缘至亲的爱，但幼儿园给了孩子理性的、科学的、来自教师们的无私的爱。这两者之间形成了一个很好的制衡关系，防范了我们对孩子溺爱的风险，让孩子的成长环境更加健康。

两年多来，我跟幼儿园的很多教师都有过接触。在这些教师们身上，我感受最深的是"终身学习"的思维模式。其中的一个重要体现，就是各类活动和课堂内容的开展。无论是每年新年年会的节目创意，还是各类活动的主题策划，以及课堂教授的一些小知识和小技能，都体现着教师们的智慧。

可以说，幼儿园的教师们不仅在告诉我们怎样可以养育一个更好的孩子，怎样成为一个更好的家长，也在用自己超高的职业素养，给同样有工作的我树立了榜样，要不停汲取新鲜的事物，无畏压力去面对工作中的各类挑战……

能够得到教师们这么多宝贵的经验，也得益于幼儿园与家长之间无缝的链接。每天都会有家长群的信息更新，每周都会有孩子和家长互动的小任务，每月都会有主题活动，每学期会有盘点维度非常全面的家长会……这些渠道的完整建立，让信息更加畅通无阻地流动，使家园真正统一为整体。

更重要的是，幼儿园通过这些方式，与父母之间建立了宝贵的信任关系。我越来越放心，也特别喜欢将孩子放到幼儿园，甚至对于孩子快要结束幼儿园生涯有很大的不舍情绪。

孩子两年半的幼儿园生活，让我从一个容易慌张、焦虑的新手妈妈，慢慢能够从容面对孩子成长里遇到的各种"小烦恼"。让一个只有教育想法、没有教育方法论的妈妈，寻找到了可以将想法落地的方式和工具。深深感谢幼儿园的教师们!

虽然,终究有一天我们会离开富力桃园幼儿园,但我想,形式上的离开,并不代表着与幼儿园生活的作别,因为在这里我们整个家庭养成的习惯、培养出来的思维方式以及这份信任和默契,会融为我们身体和灵魂的一部分,伴随我们的一生。

说实话,听到家长的这些话,我们在深深感动的同时,也有些惭愧。有些事情,我们可能是下意识或无意识地做的,但家长却记在心里,感触良多。有些方面,我们其实并没有家长说得那么好。但是,因为彼此情感的相融,让我们越来越悦纳彼此,成了精神上的一家人。

这使我们相信,教育不是单向的传递,而是在一个润物无声的氛围里,相互影响,相互感染,相互激励,相互唤醒。在这里,家长们正和孩子们一起成为"更好的自己",而我们又何尝不是这样呢?

和家长一起"蹲下身去看孩子"

在孩子成长的过程中,家长既有幸福与快乐的收获,同时也免不了各种问题与烦恼。每个人都是不完美的,成长中的儿童更是如此。许多时候,家长也会感觉无助,对自己的孩子爱恨交加,甚至是伤心失望。

这时候,最关键的是要让家长认识到,不要用完美的标准去看待孩子,更不能用成人的视角去看孩子。在改变孩子之前,家长首先要做的是改变自己。

每年的9月,我们都会迎来又一批的幼儿和他们的家长。他们从对幼儿园一无所知开始,带着对新生活的各种不适应,还有紧张、焦虑和烦恼开始了新的生命阶段。面对他们,我们张开怀抱热情接纳的同时,也在家园共育中启示家长,要转变自己的视角,蹲下身去认识孩子,学会调适自己,找到和孩子一起成长的生命节律。只有这样,他们才会把富力桃园幼儿园当成家园共乐的生命园地,享受到新的成长惊奇。对此,小二班幼儿的妈妈感触颇深。

因孩子而成长(小二班幼儿的妈妈)

2018年9月,我们怀着十分忐忑的心情,把孩子送进了幼儿园。我相信,我的心情与所有准备送孩子进幼儿园的家长的心情是相似的,我们迫不及待地期待孩子走向幼儿园,而一旦孩子真的从家庭中走出去,我们又难免感到不安和失落。

富力桃园幼儿园是一个口碑很好，知名度很高的幼儿园，这令作为家长的我们对幼儿园充满了期待。然而，基于我对自己孩子的一些判断，作为家长总还是会有担忧。

让我惊喜的是，幼儿园很快让我们放心下来了。孩子不仅每天都非常快乐地去幼儿园，并且在上幼儿园的第一个学期里，她变得开朗，变得更愿意表达，而且非常愿意和老师亲近。对于孩子来说，幼儿园是一个全新的世界，很显然，孩子非常喜欢这个新世界。这里有着足够多的令她希望去探索的东西，有非常好的玩伴，她开始在与幼儿园小朋友的相处中，逐渐学会了与同辈群体相处。

但同时，我的孩子刚满四岁，我也相当于一个刚刚才四岁的家长。我们经历了孩子尚在襁褓中的美好时光，如今开始和孩子一起面对人生的新阶段，也是作为父母的我们的全新体验。我们需要去面对分离焦虑，我们需要去发现孩子在成长过程中带给我们的惊喜。而实际上，幼儿园的教师们早就已经是经验丰富、专业过硬的教育人员了。作为家长的我们尚未经历过孩子的学前教育阶段，教师们却早已陪伴着许多孩子经历过这个阶段了。我们家长所欠缺的，恰恰是教师们最为擅长的。孩子上幼儿园的这一学期中，我作为家长，从教师身上学到很多东西。

开学之初，小二班的宋老师就给我们推荐《头脑特工队》这部动画。动画展示了孩子的生活情境发生重要变化时，他们所经历的情绪问题。我从这部动画中意识到，当孩子走向社会、不再与我们朝夕相处之后，我们需要关注的至关重要的问题是，孩子在当前阶段经历了什么，在他们身上发生了什么事，他们何时需要我们，以及我们如何给予孩子适时的帮助，以便他们有足够的勇气去面对不可预知的未来。当孩子一步一步走向社会，需要自己去适应新环境的时候，作为家长的父母也应当意识到这一点，及时补上这一课。

在孩子逐步适应幼儿园生活之后，家长也需要及时补课，跟上孩子成长的步伐。教师在幼儿园每天给孩子们所上的课程，有针对性地面对这个阶段的孩子，是最适合当前阶段的孩子发展的。作为家长，我在孩子入园之后，通过观察孩子的日常作息和一周的课程，也学习到了许多关于孩子认知规律、智力发展阶段、体能达标情况的知识，从而理解了教师们的教育模式和教学方法。

家长对自己的孩子通常都有"望子成龙""望女成凤"的心态，但是，教师告诉我们应该根据孩子的认知发展状况对孩子有更多的合理期待，从而缓解不应有的焦虑。网上盛传各种版本的家长辅导孩子作业导致心梗的段子，反映了当前中国家长存在的对于孩子成长的焦虑。针对幼儿园的孩子，我认为，家长应当尽量客观地评价自己的孩子，多多抱持理解的心态，从容一点，切忌拔苗助长。

让我最赞赏的是，幼儿园还引入了对孩子的品格教育。宋老师给家长推荐的视频分别针对刚入园的孩子的四个阶段，从适应到勇敢再到耐心，注重孩子的品格教育，这既让家长了解到对孩子情绪管理培养的重要性，也令家长理解了勇敢与耐心的真正含义。作为非教育学专业出身的家长，我们对孩子的认知发展规律，尤其是品格教育的知识，了解得相对比较少。孩子上幼儿园以后教师推荐的视频资料，实际上也让我们家长受益良多，跟随着孩子一起成长。

就像这位家长说的那样，很多时候，面对孩子的问题，家长先要反思自己，从改变自己入手。在孩子上幼儿园之前的人生阶段，很多时候是家长围绕着孩子转。这种以家长为中心的养育，在孩子上幼儿园之后被打破了。孩子进入幼儿园后，他们和家长的接触变少，一周五天主要和教师、小朋友待在一起，孩子的生活环境变了，接收信息的渠道扩大了。这时候，家长必须从理念到行动上适时做出改变。

家长究竟该如何改变？除了从家长主导的教育模式，走向以专业的教育专家为主导的教育模式，更重要的是，家长要学会尊重孩子的成长规律，不断适应孩子教育环境的新情况，坦然接受孩子成长的新变化，配合好教师的工作，与幼儿园、教师积极互动。

家长和孩子之间的教育关系，是一个互动的关系，家长实际是在观察孩子成长的过程中，逐渐让自己体会到更广阔的生命境界，家长无法代替孩子去生活，也无法决定孩子的人生。从孩子教育的最初阶段开始，作为家长就应当在教育过程中准确地找到自我定位，把孩子真正当成学习与成长的主体，以和孩子共成长的心态，一起面对父母子女一场共同的人生。

家长和孩子是我们不断创新的唯一理由

教育是一项慢工夫，就像富力桃园幼儿园倡导的以"润心"教育为核心的"润"文化理念。作为每个孩子教育的起始阶段，我们由衷希望，以上善若水、润物无声的教育，给这里的每一个孩子、教师和家长以爱的滋养，让他们的生命之花美丽绽放。

从进入幼儿园开始，孩子每天与教师、同伴相处的时间比与家长相处的时间长得多。他们的生命质量，取决于我们给他们提供什么样的教育，我们用什么样的态度去对待他们。

也因此，面对家长们的期待，面对孩子们的成长需求，我们一点也不敢怠慢，总是努力做到更好，并把我们对美好教育的设想变成幼儿园的"润心"课程体系。

近几年，富力桃园幼儿园的课程总处在改革创新中，我们始终乐于尝试国内前沿的幼儿课程，目的就是为孩子们提供更好的发展载体。我们与专业幼教机构合作，引入数学领域教学知识课程，让孩子们了解数学在生活中的应用，感受到数学的乐趣。我们在语言领域开展了"幸福的种子"和多元阅读的教学实践，通过阅读月活动获得了良好的效果。从一开始的阅读月倡议书让家长们了解阅读的重要性，到每晚亲子阅读时间打卡，到建议去图书馆阅读并借阅，最后月底家长与孩子共同制作阅读小报，这一系列课程活动，通过家园合作让家长不仅了解到幼儿教育阶段早期阅读的重要性，我们推荐的阅读方式以及书目，也潜移默化地影响着家庭，成为"润心"教育的美好成果。

近两年，我们又将品格教育引入幼儿园的活动课程体系。为什么要开展品格教育，在开学初，面对高学历、高认知水平的家长们，我在全园家长会上进行了深入解读，让家长们明白，幼儿品格教育对其一生具有深远影响，同时我们也不是说教式地进行，而是依托教师通过绘本教学方式和家园合作活动来实施。（图8-3）

图8-3 园长开新生家长会说品格教育

这些幼儿课程改革和教学创新实践，没有人要求我们这样做，但我们始终认为，只要是对孩子成长有益的，只要能影响家长们观念转变的，都应该尽力去做，让幼儿多一些体验，让家长们多一些科学认知，也向家庭和社区传递教育正能量。

我们始终坚信，着眼于孩子未来的教育才是对的教育，让每一个孩子在成长关键期得到最适合的教育，通过家园共育让每一个孩子和父母都在其中遇见最好的自己。

这样的教育认知，慢慢地影响着园里的每一位教师，成为我们共同的教育信念和教育愿景。每一位走进富力桃园幼儿园的新教师，在入职时都会听我的报告，听我讲述这所幼儿园的办园理念，讲述一位幼儿教师应有的职业方向和信仰。这一切，新教师慢慢用自己亲身经历去践行，去内化，变成工作中每一天的教育细节，让家长对于幼儿教师职业充分了解并尊重。

这些年，我们形成了自己的办园理念，建立起了自己对幼儿教育的独特理解和实践体系，推动了"润"文化教育不断提升和发展。（图8-4）

回想这些年的发展历程，我们满怀感恩，庆幸今天的富力桃园幼儿园有一片办好教育的净土，以爱润心，以环境润心，以德润心，以阳光自主润心。幼儿园以幼儿的意愿、要求为导向，利用多种方式、多种材料实现幼儿的多种奇思妙想。年轻、有活力的教师们也为这所年轻、勇往直前的幼儿园注入新鲜的力量，创新成了这所幼儿园必有的标签，每一年的新年音乐会，每一次的大型活动，一个个奇妙的点子都会让孩子的笑脸更加灿烂，让家长的心更加温暖。

图8-4 园长进行教职工情绪教育

这样一所幼儿园，阳光、自主、乐学、尚德，真为净土，一呼为净，一吸净心。

后 记

最近有一件小事，让我和教师们都特别高兴。

在我们园的大班，有一个叫浩浩的小男孩。他从小体弱多病，因此与同龄幼儿相比，妈妈对他的照顾格外多。浩浩入园的前两年，几乎没在幼儿园吃过饭、睡过午觉，每天仅在园里待上三四个小时。天气稍有异常，浩浩妈妈就叮嘱老师，别让浩浩参加户外活动。每天来接浩浩时，妈妈还要事无巨细地询问浩浩一天在园的情况。

就这样，浩浩无形中成了幼儿园里的"重点保护对象"，虽然教师们也跟浩浩妈妈有过沟通，鼓励她适当放手，让浩浩多一些自主体验，但浩浩妈妈并不认同，情况也没有太大改观。

转眼间浩浩就到了大班，一天突然发生的一件事，让教师们找到了教育的契机。那天，大班小朋友在玩户外分组闯关游戏。以往这时候，浩浩都自觉缩在一旁，但那天他不知怎么突然有了兴致，要求参加游戏。没想到，小组长雪儿说："别让浩浩在我们组，他什么都不会，在我们组肯定输。"

好不容易想要参加集体活动，却被小朋友排斥在外，浩浩非常失落，低着头站在一旁，眼里含着泪，却没有其他反应。

这偶然的一幕看在教师眼里，不禁心里一动：随着年龄的增长，浩浩有了交往需要，但由于家长一贯的过度呵护，浩浩的交往能力明显弱于同龄人，既不懂如何交往，也不敢表达自己的想法。

发现这种情况后，教师立刻和浩浩的妈妈约谈。教师晓以利害，深入分析：浩浩即将上小学，如果同伴交往能力太差，不仅影响他的学习生活，而且可能造成心理发展障碍。

推心置腹的长谈，使浩浩妈妈认识到问题的严重性，家园共同商议，制订了一份有针对性的干预方案。一段时间的努力后，浩浩有了明显变化，说话声音变大了，敢于向同伴表达自己的想法了，也有了自己的朋友。同时，他生病请假的次数也越来越少。

像这样的真实故事，在幼儿园里经常能遇到。每次从孩子们可喜的成长变化中，我们都再次坚定地认识到：只有家园之间保持一致性，建立教育共识，让家长能够在教师们的专业引领下用科学的理念和方法对待孩子，才能够共享教育的幸福。

后 记

但很多时候，我们需要非常有耐心，像对浩浩的教育一样经过两三年才能看到教育的成效，甚至直到孩子幼儿园毕业，我们也没有看到期待中的结果。

更多时候，教育就是这样一个"只问耕耘，不问收获"的过程。作为社会性教育的开端，我们无法看到或预料孩子未来的成长及成功，但我们仍然要坚守教育初心，秉持我们的教育良知去办教育。也正因此，我们才会将"润"文化作为办园核心理念，启示教师们，要有足够的宽容、耐心和细心去面对孩子的成长，用润物无声的方式去做"慢的教育"。

这就是我们开展家园共育的初心，这是我们办好幼儿教育的必然选择，正如新版《幼儿园工作规程》所指出的，"幼儿园应当主动与幼儿家庭沟通合作，为家长提供科学育儿宣传指导，帮助家长创设良好的家庭教育环境，共同担负教育幼儿的任务"。不仅中国如此，国外亦然。全美幼教协会颁布的新版《0~8岁儿童适宜性发展教育方案》中，也将"教师同儿童家庭建立合作互惠的关系"作为贯彻实施适宜性发展教育的一项基本原则。

不过老实说，当初并没有人要求我们这么做，即便不做也是无可非议的，我们只是本着一颗朴素的心，希望家园之间"志同道合，抱着一致的信念，始终从同样的原则出发，无论在教育目的、过程还是手段上，都不能发生分歧"。

这些年来，富力桃园幼儿园正是本着这样的原则和信念开展家园共育工作的，从"家委会"初建到如今制度的日渐成熟，从第一次大型家长开放活动的手忙脚乱到如今组织的有条不紊，从和家长沟通时的紧张、胆怯到如今从容、自信地用专业性"征服"家长……富力桃园幼儿园的家园合作工作在不断进步，富力桃园幼儿园的每一位教师也在不断地成长和进步。

这些年的实践使我们发现，家庭和幼儿园、家长和教师之间建立良好合作关系，关键因素有三个：一是充足的沟通时间，这是良好关系建立的物质前提；二是良好的合作能力，比如用什么样的心态去和家长合作，采用什么样的合作形式最有效等，这是良好关系建立的经验准备；三是不容置疑的专业性，这是良好关系建立的重要保障。

对于幼儿园来说，第三点非常关键但也是最难做到的。在当前的社会大背景下，幼儿园教师的初始学历水平普遍不高，这使得我们在面对城市家庭中的高学历父母时，起初很难取得他们的信任。

为此，一方面，我们不断加强自身的学习，苦练专业"内功"，在家园合作中与孩子、家长一起成长；另一方面，我们用真诚的态度、热忱的情感和专业的能力，逐渐赢得家长的信服。

时至今日，家园共育已经成为我们工作的一个重要方面，或者说是我们做好幼儿教育的一个方法论，在设计和思考幼儿园的任何一项工作时，我们都会想，这件事如何让家长参与进来,对家庭有什么影响,如何在家园同步展开……

但同时,我们的家园工作并非已经非常完美,而是有很大的提升和改进空间。就在最近,我们看到了美国研究者(Sherida)的研究报告,主张以联合行为咨询(Conjoint Behavioral Consultation, CBC)模式来构建积极的家园关系。联合行为咨询模式提出了三个相互关联的目标:关注学生的学习或发展、提高家庭与学校以支持儿童为目标的能力、加强家庭和学校之间的关系。看后深受启发,如何充分发挥家庭成员和幼儿园教育者的能量,很好地弥补一线教师专业性不足的问题,联合行为咨询模式值得我们借鉴和尝试。

下一阶段,富力桃园幼儿园将会在系统梳理家园共育工作的基础上,不断进行新的探索和尝试,以求摸索出更多更有效的家园合作方式。

历时近一年时间撰写的这本书,是富力桃园幼儿园70多名教职工的实践结晶,也是富力桃园幼儿园未来发展的希冀。其中记录着教师、家长和孩子们的成长足迹,凝聚着每一位参与家园共育工作的教育者的智慧、心血与汗水,幸福、欢笑与泪水,包含着太多的成功和失败,也有太多需要总结的经验和教训。希望本书能对更多幼儿园的家园工作有一些启迪,让他们少走弯路,能看得更高,走得更远。

赵福葵
2020年于富力桃园幼儿园